일본 천황,
일본인,
그리고
일본어의
기원을 찾다

일본 천황 가문은 백제 왕가의 혈통인가

배종덕 지음

맑은샘

머리말

중고교 시절 반드시 배워야 하는 역사, 지리, 물리, 생물 등의 과목을 제대로 공부하지 못하고 학창 시절을 보냈다. 학생 시절 제대로 공부를 못한 것은 나중에 사회생활에서 그 분야의 절름발이가 되기 십상이다. 문교부의 입시 정책이 자주 변경되던 시절이라 지금으로서는 이해하기 어려운 입시 제도이지만 그땐 영어, 수학, 국어 위주로 공부를 시켰다. 고등학교 갈 때는 영어, 수학, 국어만 시험을 보았고, 대학 입시 때는 이 세 과목 외에 국립대학만 선택 과목 두 개가 필요했고 일반 대학은 하나였다. 필자는 독일어를 선택하고 일반 대학에 진학했다. 역사라고는 조선 시대 왕들의 순서인 '태, 정, 태, 세, 문, 단, 세' 정도밖에는 기억하지 못해 TV에서 사극을 보다가 그다음 왕이 누군지 몰라 자주 헤매기도 했고 아내에게 물어본 적도 많다.

근년에 광개토 대왕비의 비문 해석에 관심을 가지게 되었다. 핵심은 '391년 신묘년 기록'이었다.

> '百殘新羅舊是屬民由來朝貢而倭以辛卯年來渡海破百殘○○○ 羅以爲臣民'

1883년에 만주 지역에서 정보 수집 활동을 하던 일본군의 한 포병 장교가 발견, 그 탁본을 떠서 일본으로 가져갔고, 그것을 해독한 일본인들은 일본에 유리한 해석을 내놓았다. 왜가 신라, 백제를 공격하여 신민으로 삼았다는 글이 비문에 나와 있다는 것이다. 이후 이에 대한 일본 학자들의 논문들이 쏟아지기 시작했는데, 그 대부분이 광개토 대왕비의 「辛卯年記事」를 진구우 황후(神功皇后)가 4세기 후반에 현해탄을 건너와 한반도 남부 지역을 정벌했다는 『일본서기』의 전설적 내용과 관련지어 임나일본부설을 주장하는 내용들이었다.

위당 정인보 선생은 대왕의 비를 세운 자가 광개토 대왕의 아들인 장수왕이고, 주체가 고구려이므로 '왜가 일찍이 신묘년에 (고구려에) 오니 (고구려가) 바다를 건너가 (왜를) 격파했다. 백잔이 (왜와 연결해) 신라를 (침략했다. 신라는 고구려의) 신민이었기에 (영락 6년 병신년에 왕이 군대를 이끌고 백잔을 토벌했다.)'라고 해석했다. 그러나 주어가 너무 자주 바뀌고 문맥이 매끄럽지 않아 정인보 선생은 한문의 문법도 모르느냐 등의 공격을 받았다.

북한의 역사가 김석형은 '왜가 신묘년에 (고구려에) 오니, (고구려가) 바다를 건너 백잔 ○○신라를 격파하여 신민으로 삼았다.'고 해석했다. 고구려가 격파한 것은 백제가 아니라 왜이며, 신라를 신민으로 삼은 것은 고구려가 아니라 백제라고 풀이한 학자들도 있다. 1972년 재일 사학자 이진희 교수가 탁본을 시기별로 분류해보니 후대 탁본일수록 글씨가 선명하고, 다른 글자도 발견된다면서 일본이 석회를 발라서 비문을 조작했다고 발표하여 큰 파문을 일으켰다. 곳곳에 석회를 바른 흔적은 있다. 그러나 1984년 중국 집안시 박물관장인 왕건군이 탁본의 인기가 치솟아 탁공들이 탁본을 잘 뜨기 위해 석회를 바른 것이지 일본의 조작은 없었다고 발표를 했고 또 원석 탁본이 발견되기도 하여 석회 조작설은 사라지게 되었다. 또 어떤 분은 TV에 나와서 본인은 평생 한자의 글씨체를 공부했는데, 신묘년 기사의 문제 부분과 다른 곳의 글씨체가 확연히 다른 느낌을 받았기에 비문의 조작은 확실하다고 얘기하기도 했다.

답답하기가 짝이 없었다. 만일 누가 조작을 했다면 조작에 대한 확실한 증거가 있어야만 제대로 논쟁할 수 있다. 그렇지 않으면 말도 안 되는 저들의 임나일본부설조차 무엇으로 물리칠 수 있을 것인가?

유튜브(YouTube)를 통해 관련된 강의들을 다 찾아보고, 도서관을 통해 관련 서적들을 수없이 찾아다녔다. 대마도도 가보고, 규슈의 오이타에서 밤배를 타고 본섬과 시고쿠 사이의 잔잔한 바다인 세토나이카이를 거쳐 고베, 오사카, 나라, 교토 등지를 둘러보기도 했다. 『환단고기』에 나오는 좌호(左護), 인위(仁位), 계지(雞知)라는 지명은 1600년이 지난 지금도 대마도에 가면 남아있었다. 그리고 광개토 대왕비의 신묘년 기록에서 '왜가 신라, 백제를 공격하여 신민으로 삼았다'는 일본인들의 해석은 틀리지 않은 해석이라는 것을 알게 되었다.

단 여기서 나온 신라와 백잔은 한반도의 신라나 백제가 아니라 신라 사람들과 백제 사람들이 현해탄을 건너가서 일본 규수에 세운 분국들이었다. 고구려는 백제 사람들이 규슈에 가서 세운 분국을 백잔으로 불렀다. 일본 사람들의 비문 글자 해석 자체는 바른 해석이었지만 그들은 그들의 이익을 위해서 엉뚱한 것을 갖다 붙임으로서 사실을 크게 왜곡시킨 것이었다.

『일본서기』「숭신기(崇神紀)」 65년에 임나(任那)라는 용어가 처음 나온다.

'秋7月 任那國遺蘇那曷叱知, 今朝貢也. 任那者去筑紫國, 二千餘里.
北阻海以在鷄林之西南'이라 적혀있다.

해석하면,

"가을 7월에 임나국(任那國)이 소나갈질지(蘇那曷叱知)를 파견하여 조공하였다. 임나(任那)는 축자국(筑紫國)으로 2천여 리(二千餘 里) 가면 있는데, 북(北)으로는 바다(海)로 막혀 있고 계림(鷄林)의 서남(西南)쪽에 있다."이다.

그동안 많은 학자, 특히 일본 학자들이 한자 '去'의 해석을 제대로 하지 않았다. 다분히 의도가 담긴 엉터리 해석이었다. 중국어에서 '你去哪儿? 我去學校' 하면 '너(你) 어디(哪儿) 가니(去)? 나(我) 학교(學校) 간다(去).'는 의미이다. 你는 '너', 哪儿는 '어디'이다. '나는 학교와 떨어져 있다'는 말이 아니다. '我去中國' 하면 '나는 중국에 간다' 또는 '나는 중국으로 간다'는 뜻이다. 이 '去'를 '간다(to go)'라고 해석해야 하는데 '떨어져 있다(距, distance, gap)'로 엉뚱한 해석을 하고는 임나(任那)를 찾는다고 많은 일본의 역사학자들이 축자국에서 2,000여 리 떨어진 한반도 남부 지방을 찾아다녔다. 축자국이 왜나라 야마토에서 2,000여 리 떨어져 있다는 말을 제대로 해석하지 않은 것이다. 축자국은 고대 규슈의 북쪽에 위치했던 작은 나라의 이름이고, 계림은 신라의 경주를 뜻한다. 한반도의 남부 지방은 어느 곳도 북쪽으로 바다가 막힌 곳이 없는데도 이들은 아랑곳하지 않았다.

차례

제1부 ◇◇

제2부 ◇◇

제3부

제4부

제5부 ◇◇◇

제6부 ◇◇◇

제7부 ◇◇

제8부 ◇◇

제1부

나는
백제의 피를 받았다

2001년 12월, 125대 아키히토(明仁, 명인) 일본 천황이 68세 생일 기자
회견에서 "내 개인으로서는 간무(桓武, 환무) 천황의 생모가 백제 무령왕
(武寧王)의 자손이라고 속일본기(續日本記)에 쓰여 있는 것에 한국과의 연
(緣)을 느끼고 있습니다. 무령왕은 일본과의 관계가 깊고, 그 시기에 일
본에 오경박사(五經博士)가 대대로 초청됐습니다. 또 무령왕의 아들 성명
왕(聖明王, 성왕)은 일본에 불교를 전했다고 알려져 있습니다."라고 말했
다.

오랫동안 일본 사회에서는 천황의 혈통에 대해 의문을 갖거나 언급
하는 것을 금기시해왔다. 일본 천황은 하늘로
부터 일본 열도에 내려와서 지금까지 오랜 기
간 단절 없이 대대손손 내려왔다고 주장해 왔
다. 특히 군국주의(軍國主義) 시대 일본인들은 자
신들의 선조가 하늘에서 직접 내려왔다고 주장
했다. "아니다! 일본인 선조는 한반도에서 건너
왔다."고 했다가는 당장 감옥에 집어넣었다. 하

아키히토(明仁) 125대 천황
(출처: wikipedia)

물며 '일본 천황이 한반도 출신'이라고 했다가는 불경죄로 목숨을 내놓아야 했다. 그런데 최초로 일왕 자신이 일왕가의 뿌리가 한국인과 관련이 있다고 공개 석상에서 밝힌 것이다. 만세일계의 황통 사상에 대한 금기 중의 금기를 천황이 앞장서서 깨뜨렸는데도 불구하고 일본에서는 다소 진보적이라 할 수 있는 '아사히신문(朝日新聞)'만이 이 사실을 보도하고 여타 신문들은 한국 신문들이 보도한 것을 마지못해 인용하는 등 대단히 소극적인 자세를 취했다.

일본의 매스컴들에는 천황가의 모계가 한반도의 백제에서 유래했다는 사실이 공론화되는 것이 극히 부담스러운 일이었으며 언급하는 그 자체를 꺼리는 일 중의 하나로 생각했다. 반면 한국에서는 천황의 모계가 백제와 관련이 있다는 천황의 발언을 각 신문과 방송들이 앞다투어 대서특필했다. 한 걸음 더 나아가서 15대 오진 천황(應神, 응신, 5세기 초), 26대 케이따이 천황(繼體, 계체, 재위 507~531) 또 37대 사이메이 천황(齊明, 제명, 재위 655~61) 등도 한반도에서 건너간 가야와 백제의 왕족, 또는 그들의 후손이었음을 다투어 소개하였다. 일본의 매스컴들은 고대 시대 7C까지 빚어졌던 한일 간 콤플렉스를 전혀 공론화하고 싶지 않았던 반면 한국의 매스컴들은 근대 식민지 시대로 야기된 대일본 콤플렉스를 고대 사회의 우월성을 통해서 다소나마 해소하려는 것처럼 보였다.

언제부터인가 일본의 군국주의자들은 '천황가는 만세일계(萬世一系)'라고 주장하면서 천황가의 모든 것을 대단히 신성시해왔다. 2차 대전

중에는 신으로 추앙되는 천황이 통치하는 신국(神國)이라고 굳게 믿고 천황을 위해서라면 기꺼이 목숨을 바치는 일까지 가문의 큰 자랑으로 삼았다. 1945년 패전에 이르기까지 천황은 아마떼라스 오미까미(天照大神)의 한 계통으로부터 계승되어온 이른바 만세일계의 신성한 군주이며 불변의 주권자라고 굳게 믿어왔다. 즉 천황 가는 대륙의 피가 전혀 섞이지 않은 순수한 일본인들만의 혈통으로 처음부터 하늘에서 내려와 지금까지 끊임없이 이어져 내려왔다는 것이며, 오로지 아마떼라스 오미까미의 후예만이 황위가 보증되고 신의 자손임을 입증하는 삼종신기(三種神器)의 주인이 될 수 있다고 믿어 왔다.

천황으로 등극할 때는 의식을 두 번 거행한다. 한 번은 천황으로 등극하는 의식이고, 두 번째는 신(神)이 되는 의식이다. 천황은 신이라고 인식되어 왔기 때문이다. 124대 천황 히로히또(裕仁)가 2차 세계대전에서 패배한 뒤 가장 먼저 한 일은 이른바 '인간 선언'이라는 것이었다. 신이 통치하는 나라가 패배해서는 안 되기 때문이었을까? 그러나 그의 아들인 아끼히또(明仁)는 1989년 천황으로 등극하면서 다시 신이 되는 의식을 거행했다. 아버지가 선언했던 인간에서 다시 신으로 복귀한다고 선언한 것이다. 군국주의 영향으로 천황은 신이라고 교육을 받으며 순수한 일본 민족설이나 만세일계 신화를 굳게 믿어 온 일본인들에게 천황의 한반도 핏줄 얘기는 정말로 엄청난 충격이었다. "천황은 왜 그런 말씀을 하셨습니까?" 하고 배를 가르고 죽는 자들도 생겨났다.

천황의 당숙 아사카노미야 씨 일행의 무령왕릉 참배

2004년 8월 아키히토 천황의 당숙 아사카노미야(朝香宮, 61) 씨가 수행원 및 친척과 함께 충남 공주시의 백제 무령왕릉을 참배했다. 공주시는 "아사카노미야 씨가 지난 3일 무령왕릉 안에서 술과 떡, 과자, 심향목 등을 차려놓고 일본 왕실의 전통 예법으로 절을 하는 등 참배를 했다."고 밝혔다. 그는 무령왕릉을 자세히 둘러보고 난 뒤 갖고 온 향로와 향을 공주시에 기증했다. "일본으로 돌아가면 무령왕릉을 관찰한 내용을 일왕에게 자세히 보고 하겠다."며 "기증하는 향로와 향을 박물관이나 무령왕릉 등에 전시해 많은 사람이 볼 수 있도록 해 달라."고 당부했다. 그의 무령왕릉 참배는 아키히토 천황이 지난 2001년 말 "나는 백제의 피를 받았다."고 언급해 파문을 일으킨 이후 왕족으로는 첫 번째다.

일본 왕실이 제사를 지낼 때 사용하는 심향목(沈香木)은 1,300년 이상 된 향나무 뿌리로 만들며 태우면 연기 대신 그윽한 향내가 난다. 아사카노미야 씨를 안내한 부여문화원장은 "이들의 무령왕릉 방문은 일본 내 여론을 의식해 비공식적으로 이뤄졌다."고 말했다.

무령왕릉은 1971년 송산리 5, 6호 고분의 배수로 공사 도중 우연하

무령왕릉과 5호, 6호분

게 발견되었다. 발굴에서 가장 중요했던 것 중 하나는 지석(誌石)의 출현이었다. 지석이란 죽은 사람의 인적 사항이나 무덤의 소재를 기록하여 묻은 판석이나 도판(陶板)을 말한다. 무령왕릉의 지석 앞면에는 "영동대장군(寧東大將軍)인 백제 사마왕(斯麻王)이 나이 62세 되는 계묘년(523년) 5월 병술 그믐 7일 임신에 돌아가셨다. 을사년(525년) 8월 계유 그믐 12일 갑신에 이르러 안장하여 대묘에 모시고 다음과 같이 문서를 작성한다."고 기록되어 있었다.

「寧東大將軍 百濟斯麻王 年六十二歲 癸卯年五月 丙戌朔 七日壬辰崩 到乙巳年八月 癸酉朔 十二日甲申 安登冠大墓 立志如左」

「이 지석으로 무령왕의 이름을 사마(斯摩)라고 기록한 삼국사기의 사료적인 가치가 증명되었지만 『일본서기』에 있는 무령왕의 기록을

송산리 고분군 1~4호분

새로이 평가하는 기회가 되었다.」

　송산리 고분군은 웅진 시대 백제 왕과 왕족들의 무덤으로 동쪽에는 1~4호분, 서쪽에는 무령왕릉과 5~6호분이 있는데, 두 가지 무덤 형태를 보이고 있다. 1~5호분은 백제 전통의 무덤 양식인 굴 모양의 돌로 만든 무덤(굴방식 석실묘)이고 6호분과 무령왕릉은 벽돌무덤이다. 벽돌무덤은 당시 중국 양나라에서 유행하던 양식으로 웅진 시대 중국과 활발한 교류가 있었음을 보여준다. 또 하나의 벽돌무덤인 5호분에는 동쪽에 청룡, 서쪽에 백호, 남쪽에 주작, 북쪽에 현무가 그려져 있다. 고구려 고분들에는 이런 벽화 그림이 자주 나타나지만, 백제의 벽돌무덤 중에서는 이런 벽화가 그려져 있는 유일한 곳이라 한다. 도굴되지 않고 완전한 상태로 발견된 무령왕릉에서 총 4,600여 점의 많은 유물이 출토되었으며, 유물은 인근에 있는 국립 공주박물관에서 대부분 보관하고 있다.

무령왕릉 입구   내부 모습 (출처: 네이버 블로그 〈주왕산 전설〉)

　백제왕의 무덤은 굴식 돌방무덤(횡혈식 석실분)이 일반적이지만, 생전에 중국 남조(南朝)의 양(梁)나라와 밀접한 관계를 맺었던 무령왕의 무덤은 양나라의 형식인 벽돌무덤을 택했다. 고분의 구조가 중국 남조에서 유행하던 벽돌무덤 형식을 모방하고 있다. 4년 뒤 왕비가 죽었을 때 합장했는데 왕과 왕비 모두 옻칠 된 목관에 각기 안치되어 있었다. 무령왕의 관은 생전에 무령왕이 머물렀던 일본 오사카 남부 지방의 최고급 목재인 금송(金松)으로 만들어졌다고 한다.

　『일본서기』「웅략기(雄略紀)」에 다음과 같은 기록이 있다.

　"461년 4월 백제의 가수리군(加須利君, 개로왕)은 아우 곤지에게 '일본으로 가서 천황을 섬겨라'고 명하자 곤지는 왕의 명을 어길 수 없어 개로왕의 임신한 부인을 주면 가겠다고 했다. 개로왕은 임신한 부인을 곤지에게 주면서 '내 부인은 이미 산월이 되었다. 도중에 아이를 낳으면 배에 태워서 속히 우리나라로 돌려보내라'고 했다. 임신한 부인은 가는 도중에 산기를 느껴 지금의 후쿠오카 근처 가카라시마(各羅島)에 이르러

작은 동굴에서 아들을 낳았다. 6월 초하루였다. 이 왕자는 섬에서 낳았다 하여 도군(島君, 일본말로 섬을 뜻하는 시마(斯摩))이라는 이름을 얻었다. 곤지는 약속대로 이 왕자를 어머니와 함께 백제로 돌려보냈다. 7월, 곤지가 일본의 수도에 들어왔다. 이미 다섯 아들이 있었다."

『日本書紀』 卷十四雄略天皇五年 (辛丑四六一) 四月◆夏四月。百濟加須利君〈盖鹵王也。〉飛聞池津媛之所燔殺〈適稽女郎也。〉而籌議曰。昔貢女人爲采女。而旣無禮。失我國名。自今以後不合貢女。乃告其弟軍君〈崑支君也〉曰。汝宜往日本以事天皇。軍君對曰。上君之命不可奉違。願賜君婦而後奉遣。加須利君則以孕婦。旣嫁與軍君曰。我之孕婦旣當産月。若於路産。冀載一船。隨至何處速令送國。遂與辭訣奉遣於朝。

『日本書紀』 卷十四雄略天皇五年 (辛丑四六一) 六月丙戌朔◆六月丙戌朔。孕婦果如加須利君言。於筑紫各羅嶋産兒。仍名此兒曰嶋君。於是軍君卽以一船送嶋君於國。是爲武寧王。百濟人呼此嶋曰主嶋也。

『日本書紀』 卷十四雄略天皇五年 (辛丑四六一) 七月◆秋七月。軍君入京。旣而有五子。〈百濟新撰云。辛丑年盖鹵王遣王遣弟昆支君。向大倭侍天皇。以脩先王之好也。〉

『일본서기』의 이러한 기록은 우리 학계에서 크게 주목받지 못했다.

왜냐하면 『삼국사기』는 무령왕의 계보에 대해서 전혀 다르게 기록하고 있기 때문이다. 또한 동생을 일본에 보내면서 임신한 부인을 하사했다는 황당한 기록을 믿으려고 하지 않았다.

『삼국사기』에 의하면 고구려 장수왕(長壽王)이 475년 9월 3일 백제의 수도 한성을 공격했을 때 개로왕(蓋鹵王)이 아들 문주에 대하여 난을 피하여 왕통을 잇도록 하라고 부탁하므로, 문주는 목협만치(木脇滿致), 조미걸취(祖彌桀取) 등과 남하한다. 웅진까지 내려간 문주는 476년 8월에 해구를 병관좌평으로 임명하고 다음 해 4월 동생인 곤지를 내신좌평으로 등용했으나 7월에 사망한 것으로 되어있다. 그리고 문주왕(文周王)은 477년 9월 해구(解仇)가 보낸 자객에 의해 살해되고 말았다. 이후 문주왕의 아들인 삼근왕(三斤王)이 13세에 즉위했으나 군사 기밀과 국가에 관한 정사 일체를 해구가 맡으면서 반란까지 일으켰다.

해구를 처벌한 삼근왕은 479년에 사망했다. 다음 곤지의 아들인 동성왕(東城王)이 즉위하여 26년 동안 다스렸다. 동성왕이 501년 위사좌평 백가에게 살해되고 뒤를 이어 즉위한 왕이 무령왕(武寧王)이다. 그리고 무령왕은 동성왕의 아들이라고 기록하고 있다. 동성왕(일명:末多王)은 말년에 포악한 정치를 함으로써 백성들로부터 많은 원망을 받아 쿠데타로 무령이 즉위했다는 기록이 있기 때문에 무령은 동성왕의 아들이 아닌 것이 확실하다.

『일본서기』가 인용한 「백제신찬(百濟新撰)」에 "百濟新撰云 末多王無道暴虐 百姓國人共除武寧立(말다왕이 백성에게 무도 포악하기에 국민이 같이 힘

백제의 한일 해상로와
가카라시마

가카라시마(各羅島)와 무령왕의 탄생 동굴(출처: 네이버 블로그
〈주왕산 전설〉)

을 모아 제거하고 무령이 즉위했다.)"는 기록이 있다. 왜왕 부(武, 무)가 금주
리를 시켜 백가와 밀약을 맺어 쿠데타로 사촌 동생인 동성왕을 밀어내
고 등극했으며, 동성왕을 시해한 백가를 한 달 뒤에 처단했다고 한다.
그런데 무령왕릉이 발견되어 무령왕이 태어난 것이 『일본서기』의 기록
대로 461년경이라는 사실이 확인되면서 상황은 달라졌다. 종래에는 무
령왕의 나이를 구체적으로 알 수 있는 자료가 없었기 때문에 『일본서기』

의 기록은 맞지 않는다고 생각했다. 그러나 묘지석의 이름과 『일본서기』에 보이는 이름이 정확히 일치할 뿐만 아니라 출생 연도도 『일본서기』의 기록이 정확한 것으로 밝혀지면서 무령왕의 출생에 대한 『일본서기』의 기록이 새로이 주목을 받게 되었다.

삼국사기의 기록대로라면 개로왕은 무령왕의 증조부가 되는데, 개로왕은 천수를 누리지 못하고 475년 고구려군이 침략했을 때 살해되었다. 그렇다면 무령왕이 출생한 461년에 개로왕의 나이가 15세 정도에 불과한데, 이때 증손자가 태어났다는 것은 말이 되지 않는다. 그러므로 무령왕이 동성왕의 아들이라는 삼국사기의 얘기는 잘못된 역사 기록이다. 문주의 동생이 곤지라는 것도 사실이 아니므로 7월에 곤지가 사망했다는 것도 믿을 수 없는 기록이다.

금주리는 왜왕 부(武)의 손발과 같은 심복이었던 모양이다. 스따하치만 궁에서 발견된 거울에 그 이름이 다시 나온다.

곤지가 일본의 수도로 돌아왔을 때 이미 다섯 아들이 있었다는 기록이 있는 것을 보면 곤지는 일본에서 오랫동안 살았으며, 잠시 형을 만나기 위해 백제를 방문했던 것으로 보인다. 『일본서기』의 무령왕의 즉위 과정을 전하는 501년의 기록에 인용된 백제의 역사서 『백제신찬(百濟新撰)』에서 무령왕은 곤지의 아들로 동성왕과는 배다른 형제로 기록되어 있었다고 한다.

『일본서기』는 720년에 나온 역사서이고 『삼국사기』는 그보다 425년 뒤인 1145년에 만들어졌다. 특히 『삼국사기』는 이미 400여 년이나 흘러가버린 먼 옛날의 기록들을 찾기 위해 많은 고서를 뒤져가면서 만들었기 때문에 잘못 기록된 부분이 있을 것이고 또 신라 왕족 후손인 김부식이 통일 신라의 입장에서 기록했기 때문에 이미 멸망해버리고 만 백제나 고구려의 역사는 상대적으로 소홀하게 다루었을 것이라고 생각된다. 특히 『삼국사기』의 백제사에는 앞뒤가 맞지 않는 곳이 제법 나오는데 『일본서기』에는 당시의 상황을 기록해 놓은 것이 많기 때문에 백제에 대한 기록은 『삼국사기』보다 『일본서기』가 더 많고 믿을 만하다고 한다. 그렇다고 『일본서기』의 내용이 모두 정확한 것은 아니다. 『일본서기』의 기록에는 새롭게 탄생한 국가, 일본의 위상을 높이기 위해 많은 역사적인 사실들을 일본에 불리하면 숨겨버렸고, 또 왜곡까지 저질러 놓은 곳이 두루두루 많기 때문이다.

그런데 「웅략기(雄略紀)」의 내용을 처음부터 찬찬히 읽다 보면 백제의 가수리군(개로대왕)과 아우 곤지, 시마 왕자 이야기가 뜬금없이 갑자기 튀어나온다. 그리고는 또다시 다른 이야기로 이어진다.

재위 5년에 웅략왕이 갈성산에서 사냥하였다는 얘기를 하다가 갑자기 백제 가수리군, 곤지, 시마 왕자 이야기가 튀어나오고 재위 6년으로 넘어가 웅략왕이 소야에 놀러 가서 노래를 불렀다는 얘기로 이어진다.

갑자기 의심이 스며온다. 혹시 이야기의 주객이 바뀐 것은 아닐까? 웅략기의 주인공은 웅략이 아니라 백제 개로대왕의 아우 곤지가 아닐까?

당시 백제 개로대왕은 고구려의 남진 압박에 왜와 공동 대처하기 위한 군사를 끌어들이러 왜 나라에 있던 동생 곤지를 불렀다. 앞에서 '일본으로 가서 천황을 섬겨라.'라고 번역되었던 '汝宜往日本以事天皇'는 '너는 일본에 가서 천황의 업무를 보아라.', '천황의 일을 하라.'라고 해석할 수 있는 것은 아닌가? '천황을 섬겨라'는 해석은 어디서 나온 것인가!

以事가 '섬긴다'는 뜻은 있다. 그러나 '일을 하다'라는 의미도 있다. 당시에는 일본이란 말도 천황이란 말도 사용하지 않았다. 당시 왜 나라에는 백제의 담로가 있었고 백제가 보낸 후왕이 일본 열도를 통치하고 있었다. 나중에 백제의 가수리군, 즉 곤지에 대한 이야기는 차후 왜왕고오(興, 흥, 455~477)편에서 다시 계속된다.

「日本書紀」卷十四雄略天皇五年 (辛丑四六一) 四月◆夏四月。百濟加須利君〈盖鹵王也。〉飛聞池津媛之所燔殺〈適稽女郎也。〉而籌議曰。昔貢女人爲采女。而旣無禮。失我國名。自今以後不合貢女。乃告其弟軍君〈崑支君也〉曰。汝宜往日本以事天皇。軍君對曰。上君之命不可奉違。願賜君婦而後奉遺。加須利君則以孕婦。旣嫁與軍君曰。我之孕婦旣當産月。若於路産。冀載一船。隨至何處速令送國。遂與辭訣奉遣於朝。」

◆ 웅략기의 주요 내용(원년부터 6년까지)

- 원년 초향번사희 황녀를 황후로 삼고, 3명의 비(妃)를 정했다.

- 2년 7월 지진원이 석천순과 정을 통하다 발각되어 불태워 죽였다.

10월 어마뢰로 사냥을 가서 많은 짐승을 잡았다. 천황이 고기를 베어서 잔치를 하자고 했으나 신하들이 대답이 없자 수레를 모는 시종을 죽였다. 궁으로 돌아왔을 때 황태후가 육회를 잘 만드는 요리사를 바쳤다. 천황은 제멋대로 사람을 잘못 죽이는 일이 많아 천하 사람들은 매우 나쁜 천황이라고 하였다.

- 3년 4월에 국견이 고반황녀와 무언을 무고하여 무언이 황녀를 더럽혀 임신을 시켰다고 하였다. 무언의 아버지는 이 소문을 듣고 화가 자신에게 미칠까 두려워하여 무언을 죽였다. 천황이 황녀를 심문하게 하였고, 황녀는 무죄를 주장한 뒤 목매어 죽었다. 무언의 아버지는 아들을 죽인 것을 후회하고 국견을 죽이고자 하였으나 국견은 석상신궁으로 도망가 숨었다.

- 4년 2월 천황이 갈성산에서 사냥하였다.

- 5년 2월 천황이 갈성산에서 사냥하였다. 성난 멧돼지가 뛰쳐나와 난폭하게 사람들을 쫓아다녔다. 천황이 사인에게 활을 쏘아 죽이라고 명하였으나 사인은 나약하여 그러지 못했다. 천황이 활로 찔러 멈추게 하고 다리를 들어 밟아 죽였다. 사냥이 끝난 후 천황은 사인을 죽이고자 하였다. 황후가 이를 말렸다. 4월에 백제의 가수리군은 지진원을 불태워 죽였다는 소문을 듣고 "과거에 여인을 바쳐 채녀로 삼았다. 그런데 이미 예의를 잃어서 우리나라의 이름을 실추시켰다. 앞으로는 여인을 바치지 말라."고 의논하였다. 이에

그 아우 군군에게 "너는 마땅히 일본으로 가서 천황의 업무를 하라."고 명하였다. 군군은 "왕의 명을 거스를 수 없습니다. 원컨대 왕의 부인을 내려주신다면 명을 받들겠습니다."라고 대답하였다. 가수리군은 임신한 부인을 군군에게 주면서 "나의 임신한 부인은 이미 산달이 되었다. 만일 가는 길에 출산하면, 바라건대 어디에 있든지 배 한 척에 실어 속히 본국으로 돌려보내도록 하라."고 말하였다.

이윽고 작별하여 왜의 조정으로 갔다. 6월에 임신한 부인이 가수리군의 말처럼 축자의 각라도에서 아이를 낳았다. 그래서 아이 이름을 도군(島君)이라 하였다. 이에 군군이 곧 배에 태워 도군을 본국으로 돌려보냈다. 이이가 무령왕(武寧王)이다. 백제 사람들은 이 섬을 주도(主島)라 불렀다.

가을 7월에 군군이 왕경에 들어왔다. 이미 다섯 아들을 두었다.

– 6년 봄, 2월 4일에 천황이 박뢰의 소야에 놀러 갔다. 산과 들의 형세를 살펴보고 감개무량하여 노래를 불렀다. 3월 천황은 후비로 하여금 양잠하는 일을 권하고자 하였다.

(이하 생략)

(이상의 번역은 동북아역사재단에서 발행한 『역주 일본서기』에서 발췌함)

무령대왕이 된
왜왕 부(武, 무)

중국의 고대 역사책에 478년 왜왕 부(武)가 송(宋)나라에 보낸 상표문(上表文)이 나온다. 부(武, 무)는 23년간(478~501) 왜 나라 왕이었다. 이 시대를 기록한 역사 문헌이 따로 없기 때문에 이 상표문은 그 당시 상황을 알려주는 귀중한 사료가 되고 있다. 475년 갑자기 아버지와 형이 돌아가시고 난 뒤 이제 막 삼년상을 끝냈다. 지금은 국력을 회복했으니 도와달라는 편지다.

「封國偏遠, 作藩于外, 自昔祖禰, 躬擐甲冑, 跋涉山川, 不遑寧處. 東征毛人五十五國, 西服衆夷六十六國, 渡平海北九十五國, 王道融泰, 廓土遐畿, 累葉朝宗, 不愆于歲. 臣雖下愚, 忝胤先緒, 驅率所統, 歸崇天極, 道逕百濟, 裝治船舫, 而句驪無道, 圖欲見吞, 掠抄邊隸, 虔劉不已, 每致稽滯, 以失良風. 雖曰進路, 或通或不. 臣亡考濟 實忿寇讎, 壅塞天路, 控弦百萬, 義聲感激, 方欲大擧, 奄喪父兄, 使垂成之功, 不獲一簣. 居在諒闇, 不動兵甲, 是以偃息未捷. 至今欲練甲治兵, 申父兄之志, 義士虎賁, 文武效功, 白刃交前, 亦所不顧. 若以帝德覆載, 摧此强敵, 克靖方難, 無替前

功. 竊自假開府儀同三司, 其餘咸各假授, 以勸忠節. 詔除武使持節
〈督倭新羅任那加羅秦韓慕韓六國諸軍事·安東大將軍·倭王」

「책봉된 (우리나라)는 멀고 치우친 변두리에 있습니다. 옛적에 조상
네(禰)가 몸소 갑옷을 입고 여러 땅을 치고 이 나라를 세웠습니다.
…중략… 돌아가신 아버님 사이(亡考濟)는 원수(고구려)를 참으로 분
노하시어 우리는 백만 대군으로 이들을 치고자 하였습니다. …중
략… 그러나 부형(父兄)이 갑자기 돌아가시어 거사를 못했습니다. 이
제 복상이 끝나서 부형의 뜻을 이루고자 하오니 황상의 은덕을 바
랍니다.」

복상(服喪)이 끝났으니 갑자기 돌아가신 부형의 원수를 갚아야 하겠
다고 다짐하고 있다. 중국 남북조 시대였다. 송나라가 479년에 망하고
남제(南齊)가 들어섰기 때문에 이 다짐은 끝내 이루어지지 못했다. 국장
3년의 관례에 따르면 왜왕 부(武)의 부형(父兄)은 475년에 돌아가신 것이
며, 475년 당시 중국, 백제, 신라, 고구려 및 왜 나라에서 임금과 태자
가 한꺼번에 사망한 사건은 백제의 개로대왕과 그의 태자뿐이었다. 고
구려 장수왕이 갑자기 쳐내려 와서 개로대왕과 태후 및 태자를 아차산
(峨嵯山)으로 끌고 가 모두 목을 베었다.

이 상표문을 통해 왜왕 부(武)의 부친이 개로대왕이었다는 사실을 처
음으로 밝혀낸 학자는 소진철 명예 교수(원광대학교)였다. 그렇다. 왜왕
부(武)는 개로대왕의 아들이었던 것이다. 왜왕 부(武)는 21세 유라쿠 천

왜왕 부(武)의 상표문(출처: 유튜브 '백제와 왜 왕실
은 한집안')

황(雄略, 웅략, 재위 455~477) 다음으로 478년부터 501년까지 왜 나라 왕
이었으며 귀국 후 동성왕(479~501) 다음으로 백제 왕위에 올라 523년
까지 22년간 통치한 무령대왕(武寧大王)이었다. 1971년 무령대왕의 묘가
발굴되었다고 알려졌을 때 일본의 역사계가 발칵 뒤집혔다고 한다.

무령대왕릉 안에서 발견된 그의 지석에는 "영동대장군(寧東大將軍)인
백제 사마왕(斯麻王)이 나이 62세 되는 계묘년(523년) 5월 병술 그믐 7일
임신에 돌아가셨다."라고 쓰여 있다. 섬에서 태어난 이 왕자는 귀국 후
다시 왜로 건너가서 왜왕 부(武)가 되어 송나라로부터 사지절도독왜신
라임나가라진한모한육국제군사안동대장군왜왕(使持節都督倭新羅任那加羅
秦韓慕韓六國諸軍事安東大將軍倭王)에 제수되기도 했다.

『일본서기』 479년 기록에 곤지의 둘째 아들이 귀국하여 동성왕으로
즉위하는 과정이 자세히 나와 있다.

"백제의 문근왕(文斤王, 재위 477~479, 『삼국사기』에는 23대 삼근왕(三斤
王)으로 표기)이 죽었다. 천황이 곤지의 다섯 아들 중에서 둘째 아들 말다

왕(末多王, 삼국사기에는 동성왕(東城王)으로 표기)이 총명하므로 궁중으로 불렀다. 친히 어루만지면서 은근히 타일러 백제의 왕으로 삼았다. 무기를 내리고 아울러 쯔꾸시(築紫, 지금의 후꾸오까(福岡))국의 군사 500명을 보내어 백제까지 호송케 했다. 이이가 동성왕이다."

이때 말다왕을 타일러 백제로 보낸 천황이 왜왕 부(武)였다. 백제의 24대 동성왕은 501년 위사좌평 백가에게 살해되었고, 왜왕 부(武)였던 무령대왕이 그 뒤를 이었다.

『일본서기』에는 22세 유라쿠(雄略, 웅략), 23세 세이네이(清寧, 청녕), 24세 겐조오(顯宗, 현종), 25세 닌겐(仁賢, 인현), 26세 부레츠(武烈, 무열), 27세 게이타이(繼體, 계체, 507~531) 순으로 기록되어 있지만 왜왕 부(武)가 22세 유라쿠 천황(雄略, 웅략, 재위 455~477) 다음으로 478년부터 501년까지 왜 나라 왕이었기 때문에 23세부터 26세까지의 왕들은 만들어 넣은 가공의 왕들로 보인다. 섬에서 낳은 왕자를 곤지가 어머니와 함께 백제로 돌려보냈다는 「웅략기(雄略紀)」의 기록을 보고 22세부터 26세까지 만들어 넣은 것인지, 아니면 어떤 중요한 역사적인 사실을 숨기기 위해서 만들어 넣은 것인지는 알 수가 없다.

왜왕 부(武)가 백제로 돌아간 뒤에는 게이타이왕(繼體, 507~531)이 그 뒤를 이었다. 이것은 당시의 중국 역사와 『일본서기』를 비교해 보면 자세히 알 수 있다.

50대 간무
천황(桓武, 환무 737~806)

797년 일본 왕실에서 만든 역사책『속일본기』에 백제 25대 무령왕의 아들 순타태자의 후손인 화신립(和新笠, 나중에 高野新笠으로 개명)이 일본의 고닌(光仁, 광인, 49대) 천황에게 시집가서 간무를 낳았다고 쓰여 있다. 아키히토 천황은 간무 천황의 어머니가 백제 왕족이었으며 본인은 그 후손이라고 이야기했다. 간무(桓武, 환무, 재위 781~806)는 일본의 50대 천황으로 시라까베 왕자(白壁王子)와 백제계 왕족인 타까노노니이까사(高野新笠, 고야신립)의 장자로 태어났다.

『속일본기』에는 타까노노니이까사를 장례 지낸 기록에 덧붙여 '황태후(皇太后)의 성은 야마또(和, 화)씨이고 이름은 니이까사(新笠, 신립)이다. 황태후의 선조는 백제 무령왕의 아들인 순타태자(淳陀太子)다. 황후는 용모가 덕스럽고 정숙하여 일찍이 명성을 드러냈다. 고닌 천황(光仁天皇, 재위 770~80)이 아직 즉위하지 않았을 때 혼인하여 맞아들였다. 간무 천황과 사와라 친왕(早良親王), 노또내 친왕(能登內親王)을 낳았다. 호오끼(寶龜, 770~780) 연간에 타까노아손(高野朝臣)으로 성(性)을 바꿨다. 간무 천황이 즉위하자 높여서 황태 부인이라 했는데 9년에 존호를 더 높여

일본 천황 가문은 백제 왕가의 혈통인가

황태후라 했다.'라고 백제 무령왕에서 유래한 일족의 내력에 대해서 다소 자세히 언급하고 있다.

　간무 천황의 아버지인 시라까베 왕자는 38대 덴지(天智, 천지) 천황의 손자다. 당시 일본 황실에서는 덴지 천황계와 그 아우인 40대 덴무(天武, 천무) 천황, 45대 쇼우무(聖武, 성무) 천황계가 황위를 둘러싸고 쟁투를 벌였다. 덴지 천황은 663년 백제 부흥 운동을 지원하기 위해서 400여 척의 배와 2만 7천여 명의 군대를 백촌강 전투에 보냈다가 대패한 장본인이다. 덴무 천황은 672년 '진신(壬申)의 난'을 일으켜 백제 구원에 실패한 덴지 천황 정권을 무너뜨리고 황위에 올랐으며, 신라와 손잡고 당에 대항한 인물이다. 시라까베 왕자가 49대 고닌 천황(光仁, 광인)으로 즉위할 때까지 신라와 가까운 관계였던 덴무 천황과 쇼우무 천황계가 황위를 독점했다고 한다.

　무령왕 → 아들 순타태자(淳陀太子) → 후손 화을계(和乙繼) → 딸 화신립(和新立, 야마토노니이가사) → 아들 간무(桓武) 천황(제50대)

　화신립(和新立)은 서기 660년 백제 멸망 직후 일본 왕실로 건너온 화을계(和乙繼)라는 백제 왕족의 딸이었다. 야마토(和, 화) 성씨는 백제 무령대왕의 왕성(王性)이다. 화신립은 제 아비가 왜 왕실의 조신이었기 때문에 시라카베(白壁, 백벽, 709~781) 왕자와 결혼할 수 있었다고 한다. 아비는 왜 왕실에 와서 야마토노 아소미(和朝臣, 화조신)라는 고관으로 우대받던 조정의 신하로서 본래 백제 무령왕 후손이었다. 천황 계승을 둘러싸고 일왕가가 왕위 쟁탈로 극히 험악하고 어수선했던 시대에 시라카베 왕자는 환갑이 지난 61세 때 늙은 왕자의 몸으로서 왕위에 올랐다.

시라카베(나중의 49대 고닌 천황)가 왕자 시절에 화신립 왕후와 결혼한 후, 둘 사이에 첫 왕자 야마베(山部, 산부, 나중의 50대 간무 천황) 왕자가 태어난 것은 서기 737년이었고, 고닌 천황으로 등극했을 때 야마베 왕자는 34세의 청년이었다. 고닌 천황은 등극 후 화신립을 제치고 왕자비들 중에서 가장 나이가 어린 이노우에 공주를 첫 번째 황후 자리에 앉히고 이노우에 공주가 낳은 오사베 왕자(당시 12살)를 왕세자로 책봉했다. 그러나 왕후 이노우에 공주는 황실 여인 천하의 독부였고, 야마베 왕자를 왕세자로 밀던 고닌 천황의 손위 친누이 나니와(難波, 난파) 공주를 암살하는 살인 사건을 저지르고 남편 고닌 천황마저 저주하다가 772년 폐위되고, 왕세자 오사베도 연좌되어 폐서인되었다. 이후 조정에서는 35세의 야마베 왕자를 왕세자로 책봉했다. 이때 어머니 화신립 왕후는 50세 전후였다고 한다.

간무 천황*은 794년 수도를 헤이안경(平安京, 평안경)으로 천도하고 찬란한 헤이안(平安) 시대를 열었다. 이후 교토(헤이안경의 오늘날 지명)는 거의 1천여 년간 일본의 수도가 되었다. 수도를 교토로 옮긴 뒤 궁궐 내

---

* 간무 천황은 784년 수도를 나라의 헤이조쿄에서 나가오카쿄로 먼저 이전했다. 『속일본기』에 수도를 옮긴 이유가 수상 교통에 더 편리했기 때문이라고 나와 있다. 그러나 정사를 보기에 여러모로 불편해서 다시 헤이안경으로 옮겼다.

일본 천황 가문은 백제 왕가의 혈통인가

에 조상신을 모시는 신사를 세웠는데 그것이 바로 히라노 신사(平野神社)
다. 네 분의 백제 신을 신사에서 모시고 있는데 주신은 이마끼 신(今木
神)이다. 일본과 한국의 여러 역사학자는 이 이마끼 신이 백제의 성왕(聖
明王: 523~554)이라고 얘기하고 있다. 교오토에는 간무 천황을 신으로
모시는 헤이안 신궁(平安神宮)도 있다.

제2부

규슈 가고시마
천손강림축제(天孫降臨祝祭)

일본의 황조(皇祖)이며 개국신의 한 분인 '니니기노미꼬도'(이하 '니니기'로
함)가 천손으로 강림했다는 성산(聖山)은 규슈의 가고시마현(鹿兒島縣) 기
리시마(霧島) 연봉 다카지호노미네(高天穗峰) 구지후루다케이다. 천손 '니
니기'를 모신 기리시마 신궁(霧島神宮)은 가고시마현 기리시마정(町) 내에
있다. 매년 11월 10일이 되면 기리시마 신궁에서 천손강림 어신화제(御
神火祭)가 열린다. 이것은 일본 건국 신화의 주인공 천손 '니니기' 일행이
하늘에서 내려온 것을 기리는 축제다.

　해가 지고 하늘에 붉은 노을이 물들기 시작하면 하얀 옷을 입은 9명
의 신관들이 예를 갖추어 절을 올리고 신목에 불을 붙이면서 축제를 시
작한다. 불을 붙이는 것은 신이 내려오는 길을 안내하기 위함이고 불이
활활 잘 타오르면 신이 무사히 내려왔음을 알 수 있다고 한다.

　『고사기』와 『일본서기』에도 일본 건국의 신 '니니기'가 하늘에서 구지
후루다께로 내려왔다고 기록하고 있다. 후루는 한국어로 마을의 옛말이
고 다께는 봉우리를 뜻한다. 즉 구지봉(龜旨峯)으로 내려왔다는 것인데
일본의 이 건국 신화는 한반도 가야(伽倻) 건국 신화와 일치하고 있다.

기리시마 신궁 입구와 신궁 (출처: 네이버 블로그 〈세계여행을 꿈꾸는 고양이〉)

김해 구지봉의 거북머리

가야의 신화가 시작된 김해의 구지봉과 이름이 같다. 천손을 맞이하는 9명의 신관 숫자도 가야 건국 신화에서 수로왕을 맞이하는 9명의 촌장들 숫자와 같다.

일본의 역사가 미가사노미야 다키히토(三笠宮崇仁) 씨는 『일본의 여명』이라는 역사서를 집대성했다. '일본 민족의 형성'이란 항목에서 가야와의 깊은 연고를 다음과 같이 얘기했다.

"천손 니니기노미코도가 많은 시종을 거느리고 삼종의 신기를 가지고 다카지호노미네(高千穗峰)의 구지후루에 강림했다는 일본의 개국 신화는 … 단목(檀木) 아래 강림했다는 조선(韓國) 개국의 단군 신화,

또한 6가야국의 건국 시조가 구지(龜旨) 또는 구시라는 산에 강림했다는 고대 조선의 건국 신화와 똑같은 계통의 것이다."

기리시마 신궁에 모셔 놓은 제신 중 주신(主神)은 '니니기'이다. 기리시마 연봉의 여러 곳에는 9명의 신이 강림하는 상상도를 붙여 놓고 있다. '니니기'와 함께 내려온 신은 실제 7명이었고 나머지 두 명은 시종과 길 안내자였다. 7명의 신은 금관가야 김수로왕의 7왕자였다.

재일(在日) 사학자 김달수(金達壽) 씨는 저서『고대 일본과 조선』에서 "고대 일본에는 헤아릴 수 없을 만큼 많은 가야인이 건너갔는데, 그 수장(首長)은 신(神)으로 숭앙받았다. 그 수장은 통치 권위를 확보하기 위해 천손강림의 의식을 가진 것이다."라고 했다.

역사학자인 도쿄대학의 에가미 나미오(江上波夫) 명예 교수는 1984년 그의 저서『騎馬民族國家』에서 일본 국가 기원에 관한 그의 견해를 이렇게 밝히고 있다.

"천황의 조상은… 기마 민족으로서 왕권을 수립했다. 조선 반도인이 옛날부터 여러 가지 사정으로 개인적으로도 계속해서 일본에 건너와 이미 정착하고 있었던 사람이 많았는데 5세기 초부터 집단 이민의 형식으로 계속 건너와서 귀화한 사람이 주체가 되었다."

또한 그는 1995년 '한일 관계의 고대사'라는 제목으로 다음과 같이 강연하였다.

"한민족은 기마 민족으로 몽골 인종의 우수한 후예이며 한반도에 살던 이들 기마 민족이 일본을 정복, 통일 국가를 형성했다. 즉 북방 기마 민족인 부여족이 들어와 그 후손이 고구려, 백제, 신라를 건설했는데, 백제를 세운 부족이 가야를 거쳐 일본으로 건너와 일본 최초의 왕국인 야마토(大和) 정권을 세운 것이다."

가야의
일곱 왕자들

김해 김씨 족보와 『삼국유사(三國遺事)』 중의 「가락국기(駕洛國記)」 전승설화에 7왕자(七王子)의 승운이거(乘雲離去)설이 있다. 『신라본기』의 「가락국기」에 관한 기사에는 가야의 7왕자들이 바다 건너 규슈로 도항해 간 사실이 지적되어 있다. 전승된 얘기를 살펴보면 7왕자가 규슈에 도항하여 다카지호노미네(高天穗峰)에서 천손으로 강림한 사실을 엿볼 수 있다.

"…수로왕과 왕비 허(許)씨 사이에 십씨(十氏: 10명의 왕자)를 낳았다. 장자는 태자로서 대를 이어 거등왕(居登王)이 되고, 그 차남은 왕후의 국성에 따라 허(許)씨 성을 하사받았다. 또 한 아들 거첨(去尖)은 군(君)에 봉해져 거첨군(去尖君)이 된다. 7명의 왕자는 염세상계(厭世上界) … 성불(性佛)하여 승운이거(乘雲移去)하였다"고 기록되어 있다.

김수로왕과 인도 아유타국에서 건너온 공주 허황옥(許黃玉)은 한반도에서 최초로 국제결혼을 한 인물이다. 이 둘은 모두 12명의 자녀를 두었다. 10명의 왕자와 공주 둘을 낳았다.

장남인 거등왕은 수로왕의 대를 잇게 했고, 둘째 허석과 셋째 허명

가야 김수로 왕릉 입구(경남 김해시)　　　　　　　　　　王릉으로 가는 길

은 허 왕후의 성을 받아 김해 허(許)씨의 시조가 되었다. 이 때문에 지금도 김해 김씨와 김해 허씨는 서로 결혼하지 않는다.

　　왕위 계승을 할 수 없게 된 7왕자들, 넷째 혜진, 다섯째 각초, 여섯째 지감, 일곱째 등연, 여덟째 주순, 아홉째 정영, 열째 계영은 가야산으로 가서 3년간의 수도를 끝내고 지리산으로 갔다. 뒤에 허 왕후가 아들들을 찾아 헤매었는데 보옥(寶玉) 선사가 모두 생불이 되어 승천했다고 전했다. 보옥 선사는 허 왕후와 함께 인도에서 온 허 왕후의 오빠이며 가야에 불교를 최초로 도입한 인물이다.

　　이들은 구름을 타고 어디로 간 것일까? 7왕자들은 새 나라를 건국하기 위해 바다를 건너 일본 열도의 규슈로 떠난 것이었다. 남규슈(南九州)에는 이들 7왕자가 도항한 후 부족 국가를 건국하여 일곱 개 거점에 산성을 쌓았다는 유적이 남아 있다.

　　고대 남규슈에 있었던 구노국(狗奴國)은 김해 지방 금관가야국의 별

김해 김수로 왕릉   허수로 왕비릉

칭인 구야국(狗倻國)의 분신이며 형제 국가였다. 금관가야를 비롯한 6가
야국이 건국된 해가 서기 42년이므로 7왕자가 규슈로 도항해간 시기는
2세기 초반으로 추정된다.

  1915년, 일제가 한반도를 강점하고 있을 때 일제는 치안을 이유로
조선총독부 극비 지령인 '경무령'을 발동해 김수로왕을 시조로 하는 김
해 김씨 족보 발행을 금지했다. 재일 사학자 박병식 씨는 지난 '91년 제
18회 한일문화강좌에 참석하여 '이 조치는 히미코(卑彌呼)가 다스린 야마
다이국(邪馬臺國)의 정체는 물론 김수로왕 왕족들이 고대 일본의 왕가를
이루었다는 역사적 사실이 탄로 날 것이 두려워 취한 조치'라고 밝힌 바
있다.

  김수로왕의 두 공주 중 한 명은 신라의 석태자(昔太子)에게 시집갔다
고 『편년가락국기』에 나와 있다. 한반도에서 전혀 흔적조차 보이지 않는
인물이 한 명의 왕자와 한 명의 공주다. 바로 이들이 선견 왕자와 묘견
공주가 아닐까 추측하기도 한다.
  묘견 공주를 제신(祭神)으로 모시고 있는 규슈 구마모토현 야쓰시로

야쓰시로 신사

시에 위치한 야쓰시로 신사(일명 묘견궁(妙見宮)) 기와지붕 꼭대기에는 머리는 용의 형상인데 몸체는 물고기로 만든 한 쌍의 조형물이 서로 마주보고 있다. 이 쌍어(雙魚) 문양은 가야 왕조에서만 나타나는 가야 왕가의 고유 문양이다.

『일본국가의 기원』을 저술한 일본 사학자 이노우에 마쓰사다(井上光貞)는 묘견 공주 히미코는 규슈 일대에서 29개의 소국 5만 호(戶)를 평정, 야마이다이국의 여왕이 된 인물로 일본 왕가의 전설적인 시조 아마테라스 오미가미(天照大神)라고 주장했다.

가야의 7왕자들은 제2 가야국을 건설하기 위하여 규슈로 갔다. 규슈의 북쪽에는 이미 정착해 있던 선주민들이 많았기 때문에 이들과의 충돌을 피해 미개척지인 가고시마의 남부와 중부의 평야 지방으로 옮겨가 터전을 잡게 되었다.

지방 지리지(地理誌)인 『풍토기(風土記)』에 "천손 '니니기'는 바다를 건너와 붕고(豊後: 大分 지방)를 거쳐 히나모리(夷守)로 왔으나 이곳에는 야마또(大和) 세력군이 주류하고 있어 이를 피해 남쪽으로 갔다"는 내용이

일본 천황 가문은 백제 왕가의 혈통인가

있다. 이 무렵 이곳에는 '야마또'란 세력은 없었으므로 한반도 남부에서 선주(先住)한 집단으로 해석되어야 할 것이다. 히나모리는 규슈 동쪽의 현재 미야자끼(宮崎) 지방이고 다카지호노미네의 동쪽 인근에 있다. 또 『풍토기』는 "히나모리 지방의 선주 세력은 구 야마또족이라고 하면서도 한편으로는 소수의 원주민과 한반도 남부의 도래인들이 동화되어 이미 정착하고 있었다"고 전한다.

김수로왕의 7왕자 중 장형이 '니니기노미꼬도'로 화신했다. 일본 사서에는 유독 '니니기'에 대해 황조(皇朝)라는 명칭을 붙인다. 훗날 역사는 니니기노미꼬도(邇邇藝命, 혹은 瓊瓊杵命)라고 기록했지만 당초에는 '니니기(日日者)'라고 썼다. 태양같이 밝게 비춰주는 거룩한 신(神)이라는 뜻이다. 일본의 개국신이자 천황가의 조상으로 인식되었기 때문이다.

7왕자가 도항하기 이전 북규슈와 이즈모 등 서부 일본 일대에는 원주민들이 생활 터전을 형성하고 있었고 이들의 세력권자는 한반도의 낙동강 유역인들이었다. 이들은 6가야 성립 이전에 이주해 온 사람들이었으며 태양 숭배 신앙을 가졌던 이들은 이즈모와 북규슈 등 서부 일본 전역에 걸쳐 영향을 미치고 있었다.

이들 기존 선주 세력들과 분쟁을 피하기 위해 7왕자들은 붕고(豊後: 大分 지방)를 거쳐 규슈의 동부 지방을 돌아 현 히우가(日向＝宮崎 지방)를 지나 다카지호노미네 → 가고시마 → 남규슈 서남쪽 끝 해안인 가사사(笠沙＝笠狹)로 가게 되었다.

7왕자는 먼저 가사사(笠沙)에 궁궐을 짓고 통치 기반을 확립한 후에 메마르고 거친 가고시마 고쿠부(國分) 평야를 개척, 도작(稻作) 농경지를 기반으로 세력을 확장하고 고쿠부 지방으로 도읍을 옮겼다. 또한 규슈 중부에 위치한 규슈 산지 남쪽을 판도로 하여 사쓰마와 오스미의 두 반도를 지배, 나라 이름을 구마소(熊襲)에서 고나고꾸(狗奴國, 구노국)라고 했다. 이렇게 7왕자가 남규슈에 정착하게 됨으로써 '니니기', '히코호호데미', '우가야후키아에즈'의 3대에 걸친 신(神) 시대를 누리게 된다.

『일본서기』와 『고사기』는 히우가 삼대신(日向三代神) 시대라고 기록하고 있다. 7왕자는 7개소에 산성을 구축하여 각각 한 개씩 장악, 성주가 되었는데, 이 7개 산성 터는 지금도 남아있다. 이들의 세력은 점차 강화되고 미야자끼까지 확대됨으로서 남규슈 전역이 구나고꾸(狗奴國)라는 국명으로 왕조 체제를 구축했다. 이에 이르기까지는 AD 70년경부터 약 200년의 세월이 걸렸다.

중국의 고대 사서 『위지 왜인전(魏志倭人傳)』에는 구나고꾸에 대한 기록이 있다. "구나고꾸는 야마다이고꾸(邪馬台國)의 적국이며 야마다이고쿠는 구나고꾸의 침략을 겁내고 있었다"고 쓰여 있다.

가고시마의 고쿠부 평야 주변에 '고쿠부 시치구마노사토(七隈里)라는 곳이 있다. 이 시치구마노사토의 구마(隈)는 구마(熊), 기무(金)와 동원(同源)이므로 곰 신앙족의 김(金)씨를 말한다. 곧 시치구마노사토는 7개소의 김(金)씨네 마을이라는 지명이다.

이 7개소의 마을(里)은 100~200m쯤 높이의 나지막한 구릉에 있는데 저마다 돌출되어 있으며, 옛날에는 봉화대가 각각 있었다. 모두 산꼭

대기가 토성(土城)으로서 아직도 성
터가 남아 있다. 7개의 성 이외에도
그 중심지에 구마소성(熊襲城)이 있
었는데 한때 하야토성(準人城)이라
고도 불렸으며 주성(主城)이었다고
한다. 고대사 연구서『진무천황(神
武天皇) 발상의 본관(本貫)』에서 아라
타에이세이(荒田榮誠) 씨는 "시치구
마노사토(七隈里)의 호칭은 가야에
서 김수로왕 7왕자가 고쿠부(國分)
지방에 도래한 후 산성을 축조한 데

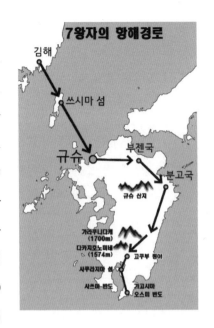

서 비롯한다"고 주장했다. 또한 아라타에이세이 씨는 "고쿠부에 산성을
구축하면서 고나고꾸의 세력은 동진(東進)과 북진(北進)을 거듭하여 야마
다이고꾸를 제압했다"고 규정했다.

 가고시마 고쿠부(國分) 지방에는 7개의 성 이외에도 7왕자들과 연고
가 깊은 '7' 자를 가진 신사(神社)와 지명이 많다. 이 7사 신사(七社紳士)들
은 고쿠부 평야를 안고 있는 가고시마현 아아라 고을에 자리잡고 있는
데, ① 나가노타(永野田) 7사 신사 ② 이리미즈(入水) 7사 신사 ③ 이이도
미(飯富) 7사 신사 ④ 바소타(芭蕉田) 7사 신사 ⑤ 오다니(尾谷) 7사 신사
⑥ 사도마(社迫) 7사 신사 ⑦ 나도마(名迫) 7사 신사 등이다. 이들 신사의
사사(社史)를 보면 "천손을 따라 강림한 신을 모시고 있으나 창건 연대는
알 수 없으며, 기리시마 신궁(霧島神宮)의 말사(末寺)"라고만 기록되어 있

다.(이상은『日本王家의 뿌리는 伽倻王族』최성규 p39,49~56, 68~73에서 발췌·인용함)

규슈 지방은 고대 유적의 보고로서 기원전 3세기로부터 8세기에 이르는 1,100여 년간의 유적과 유물이 고루 분포되어 있다. 그러나 긴키(近畿) 지방, 즉 야마또 왕조의 중심지였다는 나라(奈良) 지방에는 야요이 시대의 특기할 만한 세력 집단이 형성된 유적이 없고, 4세기에 이르러서야 그 기틀이 정비되었다는 사실이 유적, 유물을 통해 검증되었다.

'니니기'는 자기 당대에는 남규슈에서 세력을 굳게 다지고 인근으로 확장해 나갔을 뿐이지만 이를 기반으로 삼아 4대 손자인 진무(神武) 시대에는 태양 신앙족 세력권에 대항해 정벌에 나서게 되었다. 이 이야기는 720년에 편찬된『일본서기』에 나오는 진무 천황의 동방 정벌기다. 그러나 진무 천황의 즉위 연대는 너무나 사실과 다르게 크게 앞당겨 기술되어 있다.

일본 천황 가문은 백제 왕가의 혈통인가

고대 일본의
개국신(開國神)

일본 왕실이 『고사기』와 『일본서기』를 편찬할 때 호족 가문에 전해오는 고서를 제출하도록 명령하여 말살시킨 역사적 사실이 있다고 전한다. 그 고서들은 대부분 몰락한 왕실 소유이거나 왕실과 가까운 최측근의 가문에 전하여 내려오는 비서인데, 그 고문서들 중에 공통적으로 보이는 왕조가 하나 있다. 바로 '우가야'라는 왕조이며 '진무천황(神武天皇)이 즉위하기 전에 우가야 왕조가 72대 계속됐다'고 적혀있다. (자료: 『고문서와 우가야』, 『삼한계통사』)

일본의 일부 학계에서 이 문서들에 대한 재평가와 새로운 해석의 움직임이 일고 있기는 하지만 아직도 대부분 사학자는 이 문서들을 위서라고 주장하며 인정하지 않고 있다.

① 우에츠후미(上記)

13세기 지어진 것으로 1838년 일본의 국학자가 발견하였다. 초대 천황인 진무(神武)를 제73대 우가야 왕이라고 하였다. 그중 16명은 여왕이었다. 현재 일본 글씨와 다른 모양의 글씨체로 쓰여 있는데 경상도 지방의 고대어가 많이 보인다고 한다. 일본 열도의 창세기에 '니니기 왕조'

가 있었고, 그다음에 '야마사찌히꼬 왕조'가 있었으며, 그 뒤에 '우가야
후기아에즈 왕조'가 73대 계속되었다는 역사가 담겨 있다. 또한 '니니기
왕조'가 성립되기 전에 스사노오노미꼬도가 건국한 이즈모국이 7대 계
속되었다고 적혀 있다.

② 다케우치문서(竹內文書)

천진교의 관장인 다께우찌 가문에 전승된 문서로 여기에 우가야 왕
조 73대가 기록되어 있다. 다른 고문서들은 '우가야 왕조'가 진무천황
에게 멸망당한 것으로 되어 있는데, 이 문서는 진무천황이 72대 우가야
왕에게 양위를 받아 평화적으로 왕조 교체가 되었다고 기록한 것이 특
징이다.

③ 구가미

후지와라 씨의 후손인 구가미 집안에 전하여 내려온 것으로 진무천
황 전에 우가야 왕조가 1200년 지속되었다 한다. 이즈모 왕조의 스사노
오노미꼬또를 왕실 정통으로 보고 있다.

④ 츠가루외삼군지(東日流外三郡誌)

11세기 중엽 멸문된 아베 씨 가문에 전해져 내려온 것으로 1975년에
일반에게 알려졌다. 열도가 대륙과 육지로 연결되어 있었다고 쓰여 있
고 북방계 원주민과 남방계 원주민이 합류할 때의 모습이 묘사되어 있
다. 일본 열도의 북단에 있는 아오모리현 지방에는 '아소베'와 '쯔보게'
라는 선주민이 있었다. 그중 이 고장으로 온 것은 '아소베'가 빨랐는데,

화산 폭발과 대지진을 만나 많은 사람이 죽었으며 다음에 이곳으로 이동해 온 '쯔보게'의 압박을 받아 그들의 지배를 받는 처지가 되었다.

그 이후 중국의 진나라가 망해 많은 귀족 자녀들이 조선으로 망명하려 했으나 그들이 탄 배가 조난, 일본에 표착하였고, 그 일행 중에 수란이라는 아가씨가 나가스네히꼬와 결혼하여 이곳 부족의 시조가 되었다.

'나가스네히꼬'라는 인물은 태양 숭배족 사람으로서 제2기 야마토 정권을 수립한 곰 숭배 사상을 가진 무리들과 최후의 결전을 벌였다가 패망한 제1기 야마토 정권의 장군이었다. 일본 열도의 중심부에서 패퇴한 그는 쯔가루 지방, 즉 아오모리현 지방으로 도망와서 오랫동안 제2기 야마토 정권과 항쟁을 계속하였고, 그들을 그 지방 사람들은 '아바라기'라고 불렀다.

⑤ 후지미야시다

후지산을 근거지로 우가야 왕조가 있었으며, 51대가 남자 왕이고, 24대는 왕비에 의한 섭정이 행해졌다고 한다. 후지산 북동쪽 살리현의 아스미라는 한 작은 마을에서 목재상을 하고 있는 미아시다시 가문에서 보관해온 4백여 개의 문서 가운데 백제 시대 이전인 기원전 7세기경에 한반도에서 건너온 유민들이 후지산 근처에 '우가야'라는 왕국을 세워 약 1천 년 동안 다스렸다는 내용이 들어있다.

우가야(上伽倻)란 '가야족의 종가'를 뜻한다. 지금의 고령(高靈) 지역을 중심으로 존재했던 우가야는 중국 동북부 지방에 자리를 잡았던 태양 신앙족 가운데서 끝까지 태양 숭배 사상을 버리기를 거부한 무리를 이끌고 남하해 와서 낙동강 유역에 정착한 우두머리 집안이었다. 그 후 동해를 건너 시마네현(島根縣) 쪽으로 이동해 온 우가야 사람들이 지금 나라(奈良)라고 불리는 곳에 이르러 나라를 세우기까지 꽤 많은 세월이 흘렀다. 배를 이용한 이동이 반복되었기 때문이다.

더러는 후쿠오카현(福岡縣)이나 사가현(佐賀縣) 쪽으로, 또 다른 무리들은 시마네현 쪽으로 건너갔다. 서쪽으로부터 동해로 밀려드는 해류에 밀려 직진하지 못하고 시마네현 쪽으로 다다르는 일이 많았기 때문에 시마네현 쪽으로 건너간 수효가 훨씬 많았다.

『일본서기』와 『고사기』에서는 고대 일본의 천황가 조상이 다까마노하라(高天原)에서 천손으로 강림했다고 기술하고 있다. '다까마'는 고유명사이고 '노'는 조사이며 '하라'는 장소를 뜻한다. 다까마(高天)는 곧 다까마(高靈)에서 온 말이다. 고령(高靈)의 대가야(大伽倻)를 지칭하는 것이다. 고대 일본에서는 고령을 '하늘나라'처럼 신비하게 인식하고 있었다고 할 수 있다.

금관가야의 7왕자가 도항하기 이전 북규슈와 이즈모 등 서부 일본 일대에는 선주민들이 생활 터전을 형성하고 있었는데, 이들은 한반도의 낙동강 유역 출신 이주민들이었다. 당시에는 국경이나 국가 관념이 희박하던 시대였으므로 한반도 남부에서 수많은 사람이 이주해 갔다.

'아마테라스 오미가미(天照大神)'란 태양과 같은 신비스러운 신으로 미화되고 있지만 실은 고령(高靈) 대가야족의 선조였다. 태양 숭배 신앙을 가졌던 '아마테라스'는 이즈모에 상륙하여 기반을 잡은 후 미에(三重)

의 이세(伊勢)까지 선주하여 세력을 펴나갔다.

금관가야의 7왕자들은 단군 신화의 영향을 받은 곰 숭배족이었으므로 처음 당도했던 북규슈에 정착하기가 쉽지 않았다. 기존 선주 세력과의 마찰을 피하기 위해 남규슈로 이동하게 되었다.

고대 일본에서는 특히 가야 제국을 고령 대가야와 김해 금관가야(=駕洛國)를 분별하지 않고 통칭했기 때문에 시마네(島根)의 이즈모(出雲)에 이미 기원전부터 도항해간 고령 가야(高靈伽倻) 출신의 이자나기(伊邪那崎)와 이자나미(伊邪那美) 두 신을 고대 일본을 창조한 신으로 숭앙하고 있고, 그 뒤를 이은 아마테라스 오미가미(天照大神), 이의 동생인 수사노오노미꼬도(素盞鳴尊), 그리고 남규슈의 다카지호노미네 구지하루에 강림한 니니기노미꼬또 등 여러 신이 다까마노하라에서 왔다고 믿고 있다.

개국신(開國神)의 한 분인 '니니기노미꼬도'가 천손으로 강림했다는 성산(聖山)은 남규슈의 가고시마현(鹿兒島縣) 동북부에 위치하고 있는 기리시마(霧島) 연봉 다카지호노미네(高天穗峰) 구지후루다케이다. 다카지호노미네란 쭈삣하게 높은 산봉우리라는 뜻이며 고대 일본을 창조했다는 신화의 고장이고 성지이다. 현재의 행정 구역은 가고시마현 고쿠부시(國分市) 기리시마정(霧島町)과 미야자키현(宮崎縣)에 걸쳐 있다. 이 산의 정상을 경계로 동쪽이 미야자키현(縣)인데 천손(天孫) 니니기를 모신 기리시마 신궁(霧島神宮)은 가고시마현(縣) 기리시마정 내에 자리잡고 있다.

기리시마(霧島) 연봉 다카지호노미네(高天穗峰) 구지후루다케 (출처: 네이버 블로그 〈증산도, 참 진리의 세계〉)

고대에는 다카지호노미네를 중심으로 현 가고시마 북부와 미야자키 지방, 즉 규슈 중앙 산지(山地) 이남의 광역한 지역을 '히우가(日向)의 나라'라고 했다. 지역 전반의 통칭 지명이었다. 다카지호노미네는 1,574m의 봉우리로 천조대신의 손자 '니니기(瓊瓊杆尊)'가 볍씨와 신종삼기(칼, 거울, 옥)를 가지고 내려온 산으로 알려져 있다. 그 서북쪽에 이 연봉의 최고봉인 가라구니다케(駕洛國岳, 1,700m)가 우뚝 솟아있다. 육중한 두 산이 마주 보고 있는 형상이다.

『고사기』와 『일본서기』에도 천손 '니니기'가 이 영봉에 강림했다고 기록하고 있다. "나라가 창조되기 전 천손 니니기노미꼬도는 많은 시종을 거느리고 히우가(日向)의 나라 다카지호노미네에 강림하여 가사사(笠沙)의 해변으로 갔다. … 이 땅에서는 가라쿠니(駕洛國)를 바라볼 수 있고, 아침 햇볕이 바로 쬐며 저녁 해가 밝게 비치는 지극히 길지(吉地)이다."라고 기록되어 있다. (『日本王家의 뿌리는 伽倻王族』 최성규, p26, 30, 102)

동아시아 고대사 연구가 아라타 에이세이(荒田榮誠)는 1989년 『신무천황 발상의 본관(神武天皇 發祥の本貫)』에서 '일곱 왕자의 일본 규슈 도래'를 발표했다. "김수로왕의 일곱 왕자는 모두 일본으로 건너가 남규슈 가고시마에 정착한 후 토착 세력을 흡수하여 방어용 산성을 쌓고 고쿠부(國分) 평야를 개척했는데, 벼농사를 기반으로 확장, 남규슈 일대를 장악하여 구나고쿠(狗奴國)라는 연합 왕국을 건설했다."고 발표했다.

기리시마市 향토관 전문위원 다시키 히로유키(田崎弘行) 씨는 "기리시마市 고쿠부, 하야토에는 옛날에 7개의 쿠마(隈, 熊)라고 불리던 지역인 토미쿠마(富隈), 시시쿠마(獅子隈), 에미쿠마(笑隈), 히라쿠마(平隈), 호시쿠마(星隈), 코야쿠마(戀隈), 쿠마사키(久滿崎)라는 7개의 쿠마(隈, 熊)가 있었다."고 고쿠부(國分)의 일곱 산성 유적인 시치쿠마(七隈·七熊)를 설명하고 있다. 구마(隈)는 구마(熊), 기무(金)와 동원(同源)이므로 곰 신앙족의 김(金)씨를 말하며 시치노구마노사토는 7개소의 김(金)씨네 마을이라는 지명이다.

제3부

송서(宋書)
왜국전

ⓐ 왜국(倭國)은 고려(高驪) 동남(東南) 대해중(大海中)에 있어 세세(世世)토록 공직(貢職-조공)을 닦았다. 고조(高祖) 영초(永初) 2년에 조(詔)하여 "왜(倭)의 찬(贊)은 만리(萬里)에서 수공(修貢)하니 먼 정성이 드러낼 만하다. 제수(除授)를 사(賜)함이 가(可)하다."라 했다. (◉해설: 영초 2년(서기 421년) 왜왕 찬(讚)이 조공을 보내와 작위를 줌)

ⓑ 태조(太祖) 원가(元嘉) 2년, 산(贊. 찬)은 또 사마조달(司馬曹達)을 보내 표(表)를 받들게 하고 방물(方物)을 바쳤다. (◉해설: 원가 2년(425년))

ⓒ 원가(元嘉) 15년(438) 산(贊)이 죽고 동생 진(珍)이 입(立)해 사신(使臣)을 보내 공헌(貢獻)하고 자칭(自稱) 사지절도독왜백제신라임나진한모한육국제군사안동대장국왜국왕(使持節都督倭百濟新羅任那秦韓慕韓六國諸軍事安東大將軍倭國王)이라며 표(表)로 제정(除正-바르게 제수함)을 구(求)하니 조(詔)하여 안동장군왜국왕(安東將軍倭國王) 진(珍)을 제수(除授)하고 또 왜수(倭隋) 등 13명이 평서정로관군보국장군(平西征虜冠軍輔國將軍)의 호(號)를 제정(除正)하길 구(求)하니 조(詔)하여 병청(並聽-함께 들어줌)했다. (◉

해설: 여기서 언급된 백제, 신라, 임나, 진한, 모한은 한반도 사람들이 규슈로 건너가서 세운 작은 분국들임. 438년 왜왕 진이 백제 지배를 인정해 달라는 요구를 했다가 거절당함. 왜가 요구한 것은 규슈에 있는 백제를 얘기한 것이었고 송나라에서는 한반도 백제를 너희가 지배한다고 하는 것이 말이 되느냐고 거절한 것임. 아래 ⓔ와 ⓙ에서 6국을 얘기할 때 백제가 제외된 이유이기도 함.)

ⓓ 원가(元嘉) 20년(443) 왜국왕(倭國王) 사이(濟, 제)가 사신(使臣)을 보내 봉헌(奉獻)하고 다시 안동장군왜국왕(安東將軍倭國王)으로 했다.

ⓔ 원가(元嘉) 28년(451) 사지절도독왜신라임나가라진한모한육국제군사안동장군(使持節都督倭新羅任那加羅秦韓慕韓六國諸軍事安東將軍)을 더해 옛과 같이 하고 아울러 위 23명을 군군(軍郡)에 제수했다. (⊙해설: 여기서 언급된 신라, 임나, 가라, 진한, 모한은 규슈의 한반도 도래인들의 분국들임)

ⓕ 세조(世祖) 대명(大明) 4년(460) 사이(濟)가 죽고 세자(世子) 고오(興, 흥)가 사신(使臣)을 보내 공헌(貢獻)하였다. (⊙해설: 사이(濟)가 백제의 왕이 되기 위해 귀국했기 때문에 동생 고오(興)가 세자의 이름으로 송나라에 사신을 보낸 것인데 사이(濟)가 죽었다고 본 것임.)

ⓖ 세조(世祖) 대명(大明) 6년(462) 조(詔)하기를 "왜(倭)의 왕세자(王世子) 고오(興)는 혁세(奕世 – 특히 대대로)토록 충성을 담아 해외(海外)에서 번병(藩屛)이 되고 공경히 변경을 교화하고 편안케 하며 공직(貢職 – 조공의 일)을 공수(恭脩 – 공손이 닦음)하고 변업(邊業 – 변경의 일)을 신사(新嗣 – 새로

일본 천황 가문은 백제 왕가의 혈통인가

이음)하니, 의당히 안동장군왜국왕(安東將軍倭國王)의 작호(爵號)를 제수함
이 가(可)하다."

　Ⓗ 순제(順帝) 승명(昇明) 2년(478) 고오(興)가 죽고 동생 부(武, 무)가
입(立)하여 자칭(自稱) 사지절도독왜백제신라임나가라진한모한칠국제군
사안동대장군왜국왕(使持節都督倭百濟新羅任那加羅秦韓慕韓七國諸軍事安東大
將軍倭國王)이라 했다. (⊙해설: 여기서 언급된 백제, 신라, 임나, 가라, 진한, 모
한은 일본 규슈에 있었던 한반도 도래인들의 분국들임, 부(武)는 고오(興)의 조카이
자 아들인데 설명하기가 어려워 동생이라 얘기한 것인지, 그렇게 본 것인지는 알 수
가 없음.)

　ⓘ 승명(昇明) 2년 사신(使臣)을 보내 상표(上表)하여 말하길 "봉국은
편원(偏遠)하여 바깥에서 번작(作藩－번병이 됨)하며 옛 조사(祖禰－선조)
이래 갑주(甲冑－갑옷과 투구)를 몸소 둘러 산천(山川)을 발섭(跋涉－밟고 건
넘)해 어찌 편히 쉬겠습니까? 모인(毛人) 오십오국(五十五國)은 동정(東征
－동쪽으로 정벌)하고 중이(衆夷－여러 오랑캐) 육십육국(六十六國)은 서복(西
服－서쪽으로 복속함)하며 해북(海北) 구십오국(九十五國)을 도평(渡平－건너
평정함)하니, 왕도(王道)가 융태(融泰－크게 떨침)하여 곽토(廓土－영토)가 멀
리 이르러 누엽(累葉－여러 대)토록 조종(朝宗－조공)하여 해마다 거르지
않았습니다. 신(臣), 비록 하우(下愚－천하고 어리석음)지만 선서(先緒－선조
가 남긴 사업)를 감히 이으니 소통(所統－통치받는 것)을 구솔(驅率－거느리고
몰아감)하여 천극(天極)에 귀숭(歸崇－돌아가 숭상)하려 백제(百濟)를 도경(道
逕－길을 빌어 지남)하여 선방(船舫－배)을 장치(裝治－다스려 준비함)했는데,

구려(句驪)가 무도(無道)하여 꾀하여 삼키려 하고 변례(邊隷-변방의 하찮것 없는 자)들을 략초(掠抄-노략질)하고 빼앗고 죽이기를 그치지 않아 매번 와서 막으며 양풍(良風-좋은 바람)의 실기(失期)하니 비록 진로(進路-나 아갈 길)를 말해도 혹통혹불(或通或不-혹은 통한다 하고 혹은 못한다 함)한다 합니다. 신(臣)의 망고(亡考-죽은 선친)인 사이(濟)가 구수(寇讎-원수)들이 천로(天路)를 옹새(壅塞-막음)함을 실로 분해하여 백만(百萬) 번 활을 당겨 의성(義聲-의로운 소리)이 감격(感激)하여 드디어 크게 일으키려 하였는데 갑자기 부형(父兄)의 상(喪)을 만나 유업의 성공을 일궤(一簣-얼마 안 되 는 분량)도 얻지 못하고 양암(諒闇)에 거처하며 병갑(兵甲-병기)을 움직이 지 못하니 이로써 언식(偃息-걱정 없이 편히 누워 쉼)해 이루지 못합니다. 지금 연갑치병(練甲治兵-병사와 무기를 다스리고 연마함)하고자 부형지지(父 兄之志-아버지와 형의 뜻)를 펴니 의사(義士)들이 호랑이처럼 끓고 문무(文 武)가 공들인 효험이 있습니다. 백인(白刃-번뜩이는 칼)이 서로 앞다투고 또한 돌아보지 않는 바입니다. 만일 제덕(帝德-황제의 덕)이 부재(覆載- 하늘과 땅을 덮음)하려면, 저 강적(彊敵)을 꺾고 방난(方難)을 극정(克靖-이 겨냄)하여 앞선 공(功)을 바꾸지 마십시오. 감히 스스로를 개부의동삼사 (開府儀同三司)와 그 나머지를 감가(咸假)하니 내려주셔서 충절(忠節)을 권 하십시오."라 했다.

ⓙ『南齊書』건원원년(建元元年, 479) 조(詔)하여 부(武)를 사지절도독 왜신라임나가라진한모한육국제군사안동대장군왜왕(使持節都督倭新羅任 那加羅秦韓慕韓六國諸軍事安東大將軍倭王)에 제수(除授)했다. (◉해설: 신라, 임 나, 가라, 진한, 모한은 규슈에 있던 한반도 이주민들의 분국임)

위의 송서에 왜왕 산(贊)과 진(珍)은 형제지간으로 나와 있고, 사이(濟, 제)의 왕세자로 고오(興, 홍)가 나오고 고오의 동생으로 부(武, 무)가 나온다. 사실은 고오(興, 홍)가 사이(濟)의 동생이고 부(武, 무)는 고오(興, 홍)의 아들이자 조카다. 그러나 진(珍)과 제(濟)의 관계는 나와 있지 않다. 왕위 상속에 이변이 있었던 것이다.

왜왕 산(讚)과 진(珍)은 진씨 집안이고 왜왕 사이(濟, 제)와 고오(興, 홍)는 여씨 집안이므로 혈연이 다르다. 왜왕 산(讚)과 진(珍)의 집안과 왜왕 사이(濟)와 고오(興)의 집안은 서로 사돈 관계였다. (서강대, 김영덕 명예 교수)

왜왕 사이(濟, 제)는 백제로 돌아가
개로대왕(蓋鹵大王)이 되었다

왜왕 부(武, 무)가 송나라에 보낸 상표문을 통해 왜왕 부(武)의 부친이 개로대왕이었다는 사실을 처음 밝혀낸 학자는 원광대학교 소진철 명예 교수였다. 여기에 덧붙여 왜왕 부(武)의 아버지＝망고사이(亡考濟)＝엄상부형(奄喪父兄), 즉 왜왕 부의 아버지가 왜왕 사이(濟, 제)이고 개로대왕이라고 밝힌 학자는 西江대학교 김영덕 명예 교수다.

김 교수는 왜왕 부(武)의 아버지가 왜왕 사이(濟)였고, 왜왕 사이(濟)는 443~455년 왜 나라에서 왕 노릇을 하다가 455년 백제로 와서 비유 임금의 뒤를 이어 개로대왕이 되었다고 밝혔다. 백제의 비유왕이 죽자 왜왕 사이(濟)는 왕위를 동생인 '고니기' 왕자에게 물려주고 백제로 돌아가 즉위하는데, 이이가 백제의 21대 개로대왕(蓋鹵大王, 재위 455~475)이다.

을미년(455)에 즉위하여 20년 동안 다스리다가 475년 고구려 장수왕의 남침으로 태자와 함께 돌아가신 비운의 왕이었다. 송서(宋書) 왜국전에는 443년 왜국왕(倭國王) 사이(濟)가 사신(使臣)을 보내 봉헌(奉獻)하고 안동장군왜국왕(安東將軍倭國王)으로 했다는 기록이 있고, 460년에는 사이(濟)가 죽고 세자(世子) 고오(興)가 사신(使臣)을 보내 공헌(貢獻)하였다는 기록이 있다. 사이(濟)는 455년까지 왜 나라 왕이었고 460년에는 죽은 것이 아니라 백제로 돌아갔기 때문에 고오(興)가 세자라는 이름으로 사절단을 보낸 것으로 봐야 한다.

개로왕(蓋鹵王)은 근개루왕(近蓋婁王), 또는 개도왕(蓋圖王)으로도 불린다. 이름은 경사(慶司), 또는 여경(餘慶)이며 『일본서기』에는 가수리군(加須利君)이라는 칭호로도 등장한다. 그와 후대 왕의 가계에 대해서는 이설이 존재하는데, 『삼국사기』나 『삼국유사』에 의하면 문주왕과 곤지가 그의 아들이라 하지만, 후에 사라진 『백제신찬』을 인용했다는 『일본서기』나 『속일본기』에 의하면 곤지는 그의 동생으로 나타난다. 475년 한강 유역 일대를 고구려에 빼앗기고 개로왕이 살해당함으로써 500년 역사의 한성 백제가 막을 내리고 수도를 웅진(熊津, 공주)으로 옮겨 웅진 백제가 시작된다.

『삼국사기』는 고구려 장수왕이 간첩으로 파견한 승려 도림의 책략이 그 원인으로 기록하고 있다. 도림은 바둑을 좋아하는 개로왕에게 바둑으로 신임을 얻은 뒤, 궁궐을 화려하게 꾸미게 하고 성벽 보수 등 대대적인 토목 공사를 과도하게 벌이게 함으로써 국력을 피폐화시켰다고 한다.

다른 하나의 주요 원인은 내정의 실패였다. 개로왕은 왕권 강화를 시도해 왕족 중심의 집권 체제를 만들었다. 『송서(宋書)』「이만열전(夷蠻列傳)」에는 개로왕 4년인 458년 8월에 송(宋)에 사신을 보내 행관군장군

(行冠軍將軍) 우현왕(右賢王) 여기(餘紀) 등 11인의 '문무가 뛰어나고 충성스러우며 근면함'을 말하면서 3품 관직의 제수를 청했다는 기록이 나온다. 이때 관직을 제수받은 11인 가운데 8인이 여(餘)씨, 즉 부여씨로 백제 왕족의 성씨를 지닌 자였다.

이것은 개로왕이 추구했던 왕족 중심의 집권 체제를 보여 주는데 이러한 체제 개편은 곧 귀족들의 반발로 이어졌고 나아가서는 지배층의 분열을 일으켰다. 귀족들의 세력 다툼에서는 특히 진씨와 해씨 간 갈등이 심했는데 이는 나중에 아들 문주왕이 귀족인 해구에게 살해되는 복선이 되기도 한다.

개로왕 또한 고구려의 침략 때 고구려군에 잡혀 살해된 것이 아니라 백제 사람으로서 고구려에 망명해 고구려군 선봉장이 된 재증걸루와 고이만년에게 잡혀 살해되었다.

개로왕이 관직 수여를 청한 왕족 가운데 행정로장군(行征虜將軍) 좌현왕(左賢王)이 된 여곤(餘昆)은 곤지(昆支)와 동일 인물로 추정된다. 부여 곤지는 개로왕의 왕명으로 왜로 파견되는데 이때 곤지는 개로왕에게 왕의 부인을 줄 것을 청했고 개로왕은 그 말을 들어주면서 "부인이 지금 임신하여 산달이 가까웠으니 가는 길에 해산하거든 어디에서든 본국으로 돌려보내라."고 명했고, 이는 부여사마(武寧王)의 탄생 복선이 된다. 나라가 위태로워지더라도 아들 하나는 왜로 보내 그곳의 왕으로 삼고 싶었던 개로대왕의 복심이 아니었을까?

일본의 학자 미즈노 유우(水野 祐)는 1968년 그의 저서 『일본 고대의 국가형성』에서 만세일계의 황통(皇統)이 계승되었다면 그것은 26대 게이타이(繼體) 천황 이후의 이야기이고 진무에서 가이까(開化)까지 9대의 천황과 스이닌(垂), 히꼬오(景行), 안꼬오(安康), 세이네이(淸寧), 겐조오(顯宗), 닌겐(仁賢), 부레츠(武烈), 센카(宣化)의 17천황과 진구우(神功) 황후는 국사 편찬 시 여러 가지 이유로 배열한 가공의 천황과 황후라고 얘기하고 있다.

곤지는 왜왕 고오(興, 흥)이자
유라쿠(雄略, 웅략) 천황이었다

『일본서기』에 곤지(昆支)라는 이름이 여러 번 등장한다. 백제 비유왕의 아들이며 개로왕의 아우인데 그는 동성왕과 무령왕의 아버지다. 또한 무령왕의 작은 아버지이기도 하다. 곤지는 개로왕의 동생이며 개로왕이 자신의 임신한 아내를 곤지에게 주었으며 곤지가 이를 데리고 왜 나라로 가는 도중에 섬에서 낳은 아들이 무령왕이다. 그러나 『삼국사기』에 따르면 곤지는 개로왕의 아들이자 문주왕의 동생이라 한다.

『삼국사기』의 기록은 다음과 같다.

곤지는 백제 개로왕(蓋鹵王)의 아들이자, 문주왕(文周王)의 아우이고, 동성왕(東城王)의 아버지이다. 개로왕 4년(458) 개로왕의 추천으로 송나라로부터 정로장군좌현왕(征虜將軍左賢王)에 봉해졌다. 461년 일본에 건너가 약 15년간 머물면서 간사이(關西, 관서) 지방 가와치(河內, 하내) 등을 개척하다가 475년 개로왕이 고구려군의 공격을 받아 죽고 문주왕이 도읍을 한성에서 웅진(熊津)으로 천도하는 국난을 당하자 급히 귀국하여 477년 4월 내신좌평(內臣佐平)에 취임하였으나 그 해 7월에 죽었다. 그 직후 병관좌평(兵官佐平) 해구(解仇)의 전횡(專橫)이 두드러지게 나타났고,

그 해 9월 문주왕이 해구에게 살해된 사실로 미루어 그도 해구에게 살해되었을 것으로 추측된다. 그러나 곤지의 가족 관계는 『일본서기』 기록이 더 상세하고 정확하다고 본다.

『삼국사기』 비유왕 → 개로왕 → 문주왕 → 삼근왕
                                 └ 곤지 → 동성왕 → 무령왕
『일본서기』 비유왕 → **개로왕** → **문주왕** → **삼근왕**
              └ **곤지** → **무령왕**
                  └ **동성왕**

『일본서기』의 기록에 유라쿠(雄略, 웅략) 천황의 재위 기간이 22년간(457~479)으로 나온다. 『송서(宋書)』「왜국전」 Ⓗ에서는 고오(興, 흥)가 죽고 부(武, 무)가 즉위한 때가 순제승명(順帝升明) 2년(478)이라 한다. 유라쿠 천황의 재위 기간이 22년간이라면 457~479년이 아니라 456~478년, 또는 455~477년이 되어야 할 것이다.

왜왕 사이(濟, 제, 재위 443~455)가 455년 백제로 돌아가 개로왕(재위 455~475)이 되었음으로 유라쿠는 455년부터 22년간 재위한 왜왕으로 보인다. 그렇다면 왜왕 유라쿠(雄略)와 왜왕 고오(興)는 반드시 동일한 사람이 되어야 하는 것이다. 왜왕 사이(濟)와 왜왕 부(武) 사이에 있었던 왜왕 고오(興), 유라쿠는 대체 누구였을까? 그는 왜왕 사이(濟)의 동생이자 왜왕 부(武)의 아버지인 곤지였음에 틀림이 없다. 곤지 외에는 어느 누구도 그 사이에 왜국의 왕이 되리라 생각할 수가 없다. 개로대왕이 백제로 동생 곤지를 불렀을 때 '汝宜往日本以事天皇'는 "너는 마땅히 일본에 가서 천황의 업무를 보아라."라고 한 것과 상통한 이야기가 아닌가?

지금도 해마다 가을이 되면 일본 오사카 남부 아스카베 마을 아스카베 신사에서는 특이한 마쓰리(축제)가 열린다. 1500년간 이어온 행사라는데, 조상신인 백제의 곤지왕을 모시는 축제라고 한다. 곤지왕이 생전에 지내던 곳이 이곳 아스카베 마을이라면 왜왕 부(武), 즉 무령왕도 어린 시절을 보낸 곳이 이곳이 아닌가 한다.

송서 왜국전 Ⓕ에 '사이(濟, 제)가 죽고 세자(世子) 고오(興, 흥)가 사신(使臣)을 보내 공헌(貢獻)하였다'고 했고, 462년에 왕세자 고오(興, 흥)에게 안동장군왜국왕(安東將軍倭國王)의 작호(爵號)를 제수했다고 했는데, 왜왕 사이(濟)가 백제로 떠난 455년에 형을 이어서 세자로 있던 '고니기' 왕자가 왜왕 자리에 오른 것이다. 이 분이 왜왕 고오였다.

아버지인 비유왕의 죽음으로 백제로 돌아간 형을 대신해 왜왕 자리에 오른 '고니기'가 자세한 사정을 표시하지 않으려고 '세자'라는 이름으로 사신을 보낸 것으로 보인다. 왜왕 고오(興)는 455~477년 22년간 왜왕 자리에 있었고, 그의 뒤를 이어 조카이자 아들인 부(武)가 이어받았다. 개로왕이 관직 수여를 청한 왕족 가운데 행정로장군(行征虜將軍) 좌현왕(左賢王)이 된 여곤(餘昆)이 곤지(昆支)와 동일 인물로 추정되고 있다. 곤지는 송서에서는 곤지(昆支), 곤(昆)으로, 일본서기에서는 곤지(琨支), 군(軍)으로 표기하고 있다.

일본 고쿠가쿠인대학 가나자와 쇼사브로(金澤庄三郎, 1872~1967) 교수는 『日鮮同祖論, 1929』에서 "유라쿠 천황은 백제 건국신(建國神)을 제사 모셨다"고 밝혔다. 고구려의 주몽을 조상 신주로 받들었다는 것이다.

비유(毗有) 임금은
인교(允恭) 천황으로 둔갑하였다

『삼국사기』는 비유(毗有) 임금은 구이신 임금의 아들, 또는 도기 임금
의 서자라고도 하며 어느 것이 맞는지 모르겠다고 적고 있다. 비유왕이
427년 12월 즉위하자 이듬해 2월 왜 사신이 50명을 데리고 백제로 왔
다고 했다. 비유왕은 왜 나라에서 태어나서 자랐기 때문에 멀리서 즉위
를 축하하러 온 것이었다. 도기왕은 왜 나라에서 백제로 돌아올 때 왜병
100명의 호의를 받으며 왔다. 도기왕은 397년 왜 나라에 갔다가 405년
에 백제로 돌아와서 왕이 되고 420년까지 재위했다.

왕위에 오르자 팔수 부인을 맞이하여 구이신을 낳았다. 구이신왕은
420년에 즉위하고 427년에 돌아갔으므로 15세에 왕이 되고 22세에 죽
었다. 구이신왕이 즉위했을 때는 왜 나라 축하 사절이 오지 않았다. 비
유왕이 구이신왕의 아들이라면 오랫동안 왜 나라에 살다가 돌아와서 7
살에 즉위하는 것이 되어 말이 되지 않는다.

비유왕은 도기 임금의 서자로 적어도 405년 이전에 왜 나라에서 태
어났으며 427년 백제대왕으로 즉위할 때는 나이가 스물두 살은 넘었을
것이다. 그는 왜 나라에 있을 때 아들 둘을 낳았다. 첫째가 뒷날 왜왕

사이(濟), 곧 개로 임금이 된 가수리였고, 둘째가 왜왕 고오(興), 곧 곤지 왕이 된 고니기였다. 왜왕 사이(濟)는 443년에 즉위했음으로 즉위 당시 18세 이상으로 충분히 왕위에 오를 수 있는 나이였다. 461년 곤지왕이 백제를 방문하고 돌아왔을 때 아들 다섯이 그곳에 있었다는 사실도 이를 뒷받침하고 있다.

삼국사기 430년 대목에는 송나라가 선왕 도기왕에게 작호를 책봉해 주었다는 기록이 있다. 선왕이라면 아버지이기 때문에 비유왕은 도기 임금의 서자라는 것을 확인시켜주고 있다. 비유(毗有) 임금은 왜왕 사이(濟)와 왜왕 고오(興)의 부친이고, 또 왜왕 고오와 유라꾸(雄略)는 같은 사람이므로『일본서기』에 적힌 유라꾸의 아버지인 인교(允恭, 윤공) 천황은 바로 비유인 셈이다.

『일본서기』를 보면 인교(允恭)는 서기 412년에서 453년까지 재위했고, 왕비는 인판대중희명(忍坂大中姬命: 오시사카노오호나카츠 히메노미코토)이며 오진(應神)의 손녀이다. 그런데 나중 29년 동안은『일본서기』에 아무 기사가 없다. 비유가 여(餘)씨 출신이므로 인교도 여씨여야 한다. 곧 도기 왕자가 왜 나라에 있을 때 낳은 아들이어야 한다. 따라서 진(秦)씨인 오진의 후손인 선왕(先王) 한제이(反正)와는 서로 다른 집안이다. 다시 말하면 왜왕 산(讚)과 진(珍)은 진(秦)씨 집안이고, 왜왕 사이(濟)와 고오(興)는 여(餘)씨 집안이므로 혈연이 다르다. 인교의 왕비가 오진의 손녀이므로 왜왕 산(讚)과 진(珍)의 집안과 왜왕 사이(濟)와 고오(興)의 집안은 사돈 관계였다. 또『일본서기』에서 유라꾸의 형이 안꼬이므로 안꼬는 왜왕 '사이'에 대응하게 된다.

백제 왕실과 중국사서로 일본서기 왕위 대조

백제 왕실	중국사서	일본서기
		오진
		닌도쿠(仁德)
18대 전지(腆支, 405~420)	산(贊) 421 송에 상표문	리쥬(履中)
19대 구이신(420~427)	진(珍, 438~443) 438 송에 상표문	한제이 (反正, 재위 5년)
20대 비유(427~455)		인교 (允恭, 412~453?) *29년간 기사 無
21대 개로(455~475)	사이(濟, 443~455) 443 송에 상표문	안꼬 (安康, 453~455)
22대 문주(475~477)	고오(興, 455~477) 460 송에 상표문	유라꾸 (雄略, 457~479)
23대 문근=삼근(477~479)		세이네이(淸寧)
24대 말다=동성(479~501)		겐조오(顯宗)
25대 무령(501~522)	부(武, 478~501) 478 송에 상표문	닌겐(仁賢)
		부레쓰(武烈)
	게이타이 (繼體, 504~531)	
26대 성왕(523~554)		

『일본서기』는 안꼬는 마요와 왕자가 시해한 것으로 적고 있으나 사실은 마요와 왕자의 두 아들 겐조오 천황과 닌겐 천황이 가공 인물이므

로 마요와 왕자도 가공 인물이 되며 안꼬는 시해되지도 않았다. 사실 안꼬가 왜왕 '사이(濟)'라면 443년 즈음에 상표문을 송나라에 보냈고, 455년에는 백제로 건너가서 개로대왕이 되어야 한다. 한편 421년에는 왜왕 산(讚)이, 438년에는 왜왕 진(珍)이 상표문을 보내고 있다. 438년에서 443년에 이르는 5년 동안은 왜왕 진(珍)이 재위하고 있는데 한제이(反正) 천황의 재위 5년과 맞아 떨어진다.

한편 인교 천황의 재위 41년 가운데 마지막 29년은 기사가 없으므로 왜왕의 조공 연도와는 대비할 수가 없다. 하여간에 『일본서기』의 인교 천황 치세 연도는 허구임을 알 수 있다. 그러니 유라꾸, 곧 곤지의 아버지라는 혈연관계에서 인교는 도기 왕자의 아들뻘이며 비유에 해당되는 인물인 것 같다. (김영덕 교수, 『백제와 다무로였던 왜나라들』)

게이타이(繼體) 천황과
왜왕 부(武)

왜왕 고오(興)인 곤지왕 시대를 유라꾸 임금으로 묘사한 『일본서기』는 그 뒤를 이은 혈연관계가 없는 '세이네이', '겐조오', '닌겐', '부레쓰' 다음에 이들과도 핏줄이 닿지 않는 '게이따이'가 왜왕이 됐다고 적고 있다. 그러기에 일본 역사학자 가운데 여러 사람이 앞 왕조의 단절을 이야기하며 새로운 왕조의 출현을 주장하기도 한다.

이에 맞서 도쿄대의 에가미 나미오(江上波夫) 교수는 『기마 민족 국가』라는 저서에서 왕조 교체론을 반박하고 있다. 게이타이 왕조 이후에도 백제계 호족들인 게누 집안이며 소가 집안이며 모노노베 씨족들이 줄기차게 이 왕조를 받들고 섬긴 것을 『일본서기』는 적고 있기 때문이다.

에가미 교수의 주장은 다음과 같다. 첫째로 다른 혈통에서 왕위에 올랐다면 큰 정치 혼란이 있어야 하는데 그런 기록이 없다. 둘째 천황가에 직속된 세도가들이 게이따이의 왕족 혈통에 의심을 하지 않았고, 왕조 교체라면 천황을 두른 씨족 연합체가 무너졌어야 하는데 그런 변화가 전혀 없었기 때문에 왕조 교체는 없었으며, 게이타이는 왕실의 피붙이라는 것이다. 또한 왕조 교체가 있었다면 그 뒤에도 교체가 일어나거나 그런 움직임이 일어났을 텐데 그런 일은 일어나지 않았다는 것이다.

『일본서기』에 의하면 24년 재위한 게이타이 천황 다음으로 장자인 안칸(安閑, 안한, 재위 531~535) 천황으로 이어진다. 안칸 천황 사후에는 후사가 없어 게이타이의 둘째 아들 센카(宣化, 선화, 재위 536~539) 천황으로, 센카 천황 사후에는 킨메이(欽命, 흠명) 천황이 즉위한다. 킨메이 천황은 센카 천황의 배다른 동생으로 게이타이의 적자라고 『일본서기』에 기록하고 있다.

게이타이 천황은 『일본서기』에 507년에 등극한 것으로 기록되어 있는데 게이타이 천황의 재위 기간에 대해서는 이론이 있다. 『일본서기』 繼體 25년 기록에 천황의 사망과 관련하여 두 개의 사실을 전하고 있다. 하나는 재위 25년에 82세로 사망했다는 것이고 다른 하나는 재위 28년에 사망했다는 것이다. 재위 25년은 『백제본기』의 기록을 이용했다고 주석을 달아 놓았고 '후에 교감하는 자가 그것을 알 것이다'라는 주석을 달아 놓았다. 재위 28년이라면 504년부터 531년까지를 말하게 되므로 계체왕은 507년이 아니라 504년에 등극한 것이라고 볼 수 있다.

繼體天皇廿五年春三月, 天皇病甚丁未, 天皇崩于磐余玉穗宮. 時年八十二.

冬十二月丙申朔庚子, 葬于藍野陵

[或本云, 天皇, 廿八年歲次甲寅崩, 而此云. 廿五年歲次辛亥崩者. 取百濟本記爲文. 其文云. 大歲辛亥三月. 師進至于安羅營乞. 是月. 高麗弑其王安. 又聞. 日本天皇及太子皇子俱崩薨. 由此而. 辛

일본 천황 가문은 백제 왕가의 혈통인가

亥之歲當卄五年矣. 後勘校者, 知之也]

어느 나라에서나 왕위는 혈족끼리 이어가는 법이다. 아버지는 아들에게, 아니면 부인이나 동생에게 이어간다. 그도 아니면 가장 가깝고 믿을 수 있는 혈족에게 이어진다. 작은 아버지인 왜왕 고오(興)로부터 왕위를 이어받은 왜왕 부(武)였다. 사촌 동생인 동성왕이 통치하고 있는 백제에 문제가 생겨 이를 해결하고 백제의 왕이 되기 위해 돌아가는 왜왕 부(武)는 왕위를 사촌인 게이타이에게 물려주는 것이 가장 자연스럽고 당연한 일이었을 것이다. 당시 부(武)에게도 아들 시가가 있었지만 나이가 어렸다. 어린 아들 대신에 어질고 나이든 사촌 동생을 택했다. 게이타이 천황의 본명인 오오도(男大迹)가 남제왕(男弟王)의 '오또(男弟)'라는 발음과 닮아 있다. 또 다른 왕위 계승의 증거는 스다하찌만 거울이다.

와까야마현(和歌山縣) 스다하찌만궁(隅田八幡宮)에서 발견된 방제경(倣製鏡)에는 "기미년에 시마(斯麻)가 남제왕(男弟王)의 장수를 염원해서 이 거울을 만들게 했다"는 요지의 명문이 있다. 스다하찌만 거울에 '시마'라는 이름이 새겨져 있다. 기미년을 443년으로 보는 설과 503년으로 보는 설이 있었는데 무령왕릉을 발굴하면서 무령왕이 시마 임금의 시호임이 확인되었다. 거울을 만들게 한 사람이 무령왕이었다면 무령왕의 재위 기간인 503년에 만들어진 것이 확실하다. 당시 오시사카 궁(意紫沙加宮)에 거주하던 남동생 계체왕을 위해서 무령대왕이 만들어 보낸 것이라 볼 수 있다.

「癸未年八月日十大王年男弟王在意柴沙加宮時斯麻念長壽遣開中費直

穢人今州利二人等取白上同二百旱作此竟」

「서기 503년 8월 10일 니찌쥬(日十) 대왕년에 오시사가 궁에 계시는 오호도(南弟王, 男大迹, 계체왕)의 장수를 염원하여, 시마가 개중비직과 예인(穢人) 금주리 등 두 사람을 보내서 가장 좋은 한구리 2백 한으로 이 거울을 만들었노라.」

'사마(斯麻)'라는 명칭이 백제 무령왕릉의 지석에서 나오자 동경 명문이 무령왕을 지칭한다고 하여 계미년을 무령왕 생존 시기인 503년(무령왕 재위 2년)으로 보고, 한국의 학자들은 이것은 503년 8월 백제 무령왕이 일본 가와치(河內) 지역에 거주하던 백제계 도래인 개중비직과 예인 금주리 두 사람을 파견하여 양질의 백동(白銅) 200덩어리로 동경을 만들어 왜 나라 남제왕(男弟王)에게 전달하였다고 보고 있다. 남제(南弟)란 일본어로 오호도, 혹은 남대적(男弟迹)이라고도 쓰인다.

이 오호도는 계체왕의 또 다른 일본식 이름이다. 남제왕은 곧 계체왕(재위 504~531)인 것이다. '인물화상경'이라는 일본 국보인 청동 거울은 503년 백제 25대 무령왕이 왜 나라 왕실의 사촌 동생(오호도 왕자, 훗날 계체왕)에게 보내준 선물이다.

일본 천황 가문은 백제 왕가의 혈통인가

방제경(倣製鏡)의 모형

둥근 거울에는 말을 탄 왕이며 왕족들의 인물화가 선명하게 부각되어 있다. 말을 탄 한 노인과 두 부인과 여섯 젊은이의 모습이다. 작은아버지 고니기 임금, 어머니와 작은어머니, 그리고 어렸을 때 다정히 함께 자란 다섯 사촌과 자신을 그린 것이 아닌가 한다. 가장자리의 명문은 바로 거울의 제작 경위를 기록해놓은 것이었다. (서강대학교, 김영덕 명예 교수)

백제와 왜 왕실은
한집안으로 발전했다

담로 중 하나였던 오사카 긴키 지방 사귀궁(斯鬼宮)은 백제 왕실의 주된 거처로 발전해 갔다. 백제의 왕녀들이 왜국으로 건너가서 왜 황실에 백제 왕실의 피가 유입되기도 하고 왕녀들 다음으로 건너갔던 왕자들은 왜국의 황녀들과 결혼하고 귀국하여 즉위함으로써 백제 왕실에도 왜국 황실의 피가 들어오기 시작했다.

개로왕 때 파견된 지진원, 적계녀랑 등은 왜국에서 결혼하여 일생을 마쳤을 것으로 생각된다. 그들은 천황을 섬기기 위해서 파견되었고 그들이 백제 왕실의 왕녀 신분이었기 때문에 결혼 상대는 황족이나 천황이었을 것이다. 이것은 "옛적에 여인을 바쳐 후궁(천황의 거처)의 여관으로 삼았다"는 개로왕의 말로도 짐작할 수 있다.

개로왕은 파견된 왕녀가 문제를 일으킨 후에는 의다랑(意多郞), 사아군(斯我君) 등 왕족을 파견했다고 한다. 백제 왕실의 태자가 왜 왕실에 가서 천황이 되기도 했고, 왜에서 왕 노릇을 하다가 백제로 돌아와서 왕이 된 경우도 있었다. 또한 백제에서 왕 노릇을 하다가 태자에게 맡기고, 전쟁에서 죽었다는 소문을 퍼트리고는 왜 나라로 건너가서 천황이 되기도 했다.

백제의 많은 왕자나 왕녀들이 왜 나라로 건너갔고, 왜 나라로 건너 간 왕자들은 오랫동안 머물면서 그곳의 황녀와 결혼을 하고 자식을 낳아 길렀다. 왜 나라에서 지내다가 본국 백제에 문제가 생기면 돌아와서 왕위를 이었다. 특히 왕자들은 귀국하기 전에 그곳 황녀와 결혼식을 올리는 것이 하나의 행사처럼 되기도 했다.

왜국에서 오랫동안 머물던 왕자 풍장을 복신의 요청으로 귀국시킬 때도 황태자가 직관(織冠)을 주면서 다신장부(多臣蔣敷)의 누이를 처로 삼게 했다는 기록이 있다. 동성왕(東城王)의 경우 쯔꾸시국의 군사 500명과 함께 귀국하기도 했다. 이렇게 백제 담로 중 하나인 제후국으로 출발했던 오사카의 왜 왕실은 점차 백제 왕실의 한 집안으로 발전해 나갔다. 또한 백제의 왕실과 조정에도 왜 나라에서 건너 온 사람들이 점차 많아지고 있었다.

『삼국사기』권25 백제본기 제3 아신왕 6년 여름 5월에 왕이 왜국과 우호를 맺고 태자 전지(腆支)를 볼모로 보냈다는 기록이 있다. 왜 왕실의 제후로 간 것을 남의 나라 일이라 볼모로 간 것이라 기록한 것이 아닐까?『일본서기』는 다른 나라에서 사신이 오면 무조건 그 나라가 조공을 하러 온 것이고 헌상받은 물건도 그 나라가 선물을 바쳤다고 기록해 놓았다.

태자 전지(腆支, 直支 일명: 도기)는 397년 왜 나라에 갔다가 405년에 돌아와서 왕(腆支王, 18대)으로 즉위했다. 전지는 왜에서 백제로 돌아올 때 왜병 100명의 호위를 받으며 왔다. 왕위에 오르자 팔수 부인을 맞이하여 구이신을 낳았고, 420년 구이신은 열다섯 나이로 19대 왕(久爾辛

王)이 되었다. 그러나 구이신은 22살인 427년에 죽었다.

구이신 다음으로 20대 비유왕(毗有王, 재위 427~455)이 즉위했다. 12월에 즉위하자 이듬해 2월 왜의 축하 사신 50명이 백제로 왔다. 비유왕은 전지의 아들로 왜 나라에서 태어나 왜 왕실과 두터운 정을 쌓았기 때문이었다. 앞에서 비유왕은 왜 나라에 있을 때 『일본서기』가 기록한 인교 천황이었다고 언급한 바 있다. 반면 구이신이 즉위했을 때는 왜 나라의 축하 사절이 오지 않았다. 구이신왕은 왜 나라에서 자라지 않았기 때문이다.

비유왕은 일본에 있을 때 아들 둘을 낳았는데 첫째가 왜왕 사이(濟)가 된 가수리이고, 둘째는 왜왕 고오(興), 즉 곤지왕이 된 고니기였다.

　　　　　　　　　일본 천황 가문은 백제 왕가의 혈통인가

왜 나라의
백제 담로(=제후국)들

(1) 양직공도(梁職貢圖)

양직공도(梁職貢圖)는 중국 양(梁) 무제(武帝)의 아들이었던 상동왕(湘東王) 소역이 형주자사(荊州刺史) 재임(526~539) 중에 무제의 즉위 40년을 맞아 주변 제국이 양나라에 조공한 성황을 기록하기 위해 외국 사신의 용모를 관찰하고 풍속을 물어 제작한 그림들이다. 아래 글과 그림에서 백제 사신의 모습과 함께 백제를 소개하고 있다. '진(晋)나라 말에 고구려가 요동(遼東), 낙랑(樂浪)을 차지하고, 또한 백제는 요서 진평현(遼西晋平縣)을 차지하였다.(晋末駒麗略有遼東樂浪亦有遼西晋平縣)'라는 기록이 있고 '백제는 웅진 시대에 스물두 개의 담로(=제후국)를 거느리고 있으며, 각 담로를 왕의 자제와 종족에게 나누어 다스린다'는 기록도 있다. 또한 담로 외에 '백제에 부속된 나라로 반파(叛波), 탁(卓), 다라(多羅), 전라(前羅), 사라(斯羅), 지미(止迷),

양나라 직공도(梁職貢圖)의 백제국사

마련(麻連), 상기문(上己汶), 하침라(下枕羅) 9개의 국가'를 열거하고 있다.

(2) 왜 나라의 백제 담로들

5세기 일본 열도에는 관동, 관서, 규슈 3곳에 백제의 담로가 있었다. 규슈의 다나마 지방이 그 한 곳이고, 오사카 긴키 지방의 가와지 일대가 두 번째, 세 번째는 지금의 동경 북쪽 사이다마현 교다 지역이었다. 이러한 담로의 흔적들은 고분에서 발굴된 칼 위에 새겨진 기록들에 의해서 알려지게 되었다. (서강대학교 김영덕 명예 교수, 『왜 나라에 있던 백제 다무로』)

1971년 공주에서 발굴된 무령왕릉의 지석에 붕(崩) 자가 적혀 있다. 이 붕(崩) 자는 대왕이나 황제가 돌아갈 때만 쓰였던 글자다. 무령왕 (502~522)도 후왕을 거느렸던 대왕이었다.

「寧東大將軍 百濟斯麻王 年六十二歲 癸卯年五月 丙戌朔 七日 壬辰崩

到乙巳年八月 癸酉朔 十二日甲申 安登冠大墓 立志如左」

① 동경 북쪽 65㎞ 지점 사이다마현 교다(行田)시에 위치한 대단지 고분군이 도굴을 면해온 것은 고분군 바로 옆에 '이나리야마(稻荷山) 신사'가 오랫동안 지키고 있었기 때문이다. 1968년에 동네 사람들이 마을의 자랑거리를 찾아보려고 일부를 파헤치다가 녹이 슨 칼을 하나 발견했다. 10년 동안 보관하다가 보존 처리를 하던 중에 번쩍이는 금빛을 발견했다. 칼 위에 아래 글자들이 빼곡하게 새겨져 있었다.

이나리야마(稲荷山) 고분군 (출처: wikipedia)

稲荷山古墳出土鉄剣 앞면과 뒷면 (출처: wikipedia)

「辛亥年七月中記乎獲居臣上祖名意富比垝

其兒多加利足尼其兒名互己加利獲居

其兒名多加被次獲居其兒名多沙鬼獲居 其兒名半互比

其兒名加差披佘其兒名乎獲居

世世爲杖刀人 首奉事來至今獲加多支鹵大王寺在

斯鬼宮時吾左治天下令作比百錬利刀記吾奉事根源也」

(앞쪽)「신해년(471) 7월에 적는다. 호획거신(乎獲居臣, 오와케-오미)의 시조 이름은 의부비궤(意富比垝,오호-히코), 그 아들은 다가리족니(多加利足尼, 타카리-스쿠네), 그 아들의 이름은 호기가리획거(互己加利獲居, 테요카리-와케), 그 아들의 이름은 다가파차획거(多加披次獲居, 타카헤시-와케), 그 아들의 이름은 다사괴획거(多沙鬼獲居, 타사키-와케), 그 아들의 이름은 반호비(半互比, 하레히), 그 아들의 이름은 가차파여(加差披余, 카사헤요), 그 아들의 이름이 호획거(乎獲居, 오와케-오미)이다.」

(뒷쪽)「세세로 장도인(杖刀人)의 우두머리가 되어 오늘에 이르기까지 봉사하여 왔다. 획가다지로대왕(獲加多支鹵大王, 와카타키로-오키미)을 모시어 사귀 궁(斯鬼宮, 시키-미야)에 있을 때 나는 천하를 다스림을 도와서 이 백련리도(百練利刀)를 만들게 하였으니 내가 봉사한 근원을 적는다.」

이 칼에 대대로 자기 집안이 벼슬한 내력을 새겨 놓았다. 이 칼을 만든 사람은 교다 지방의 후왕인 호확고(乎獲居, 오와케)로서 개로대왕이 사귀궁(斯鬼宮)에 있었을 때 천하를 다스리는 것을 도왔다고 기록했다. 확고(獲居, 획거)는 태수나 후왕을 뜻하는 고어다. 일본에서는 와케로 읽는다. 개로대왕(獲居多支鹵大王)은 백제의 21대 대왕(455~475)이었고, 왜 나라에 있을 때는 왕 사이(濟)로 443년부터 455년까지 사기궁에 머물면서 천하를 다스렸다. 471년(辛亥年) 7월에 이 칼을 만들었다.

② 에다후나야마(江田船山) 고분은 규슈 구마모도현 다나마(玉名)군 기꾸스이쬬에 있다. 19C 말 발굴되어 모든 유품은 국가 문화재로 지정돼 현재 동경 국립 박물관에 소장되어 있다. 그중에서 글이 새겨진 쇠칼이 지대한 관심을 끈다. 그 까닭은 동경 북쪽 사이다마현의 고분에서 나온 쇠칼의 주인공 고확고가 백제의 장수 집안 출신이듯이 에다후나야마 고분의 쇠칼에 나오는 주인공 기리(旡利)가 백제 왕족 출신인 우현왕 여기(余紀) 확고임을 밝힐 수 있기 때문이다. 쇠칼에는 은으로 75자의 글자들이 새겨져 있다. 이 글의 글자체와 이나리야마 고분에서 발굴한 칼에 새겨진 글자체가 같은 것을 보면 이나리야마 고분에서 발굴된 칼과 같은 시기에 만들어진 것으로 볼 수 있다. 다나마는 담로가 변형된 말로 보인다.

「治天下獲□□□鹵大王世奉事典曹人名旡利工八月中
用大鑄釜併四尺廷刀八十練六十振三才上好□□刀服
此刀者長□子孫洋洋得三恩也不失其所統 作刀者伊太加書者張

安也」

　확인이 불가한 □□□에는 加多支가 들어가 이나리야마 쇠칼에 나오는 獲加多支鹵大王과 같이 될 것임이 틀림없다. 이 같은 추리는 앞뒤 글자와 빠진 글자 수가 서로 같기 때문에 타당하다고 본다.

　　「천하를 다스리는 확가이신 개로대왕을 섬기던 전조인 '기리'가 만들었다. 팔월에 큰 가마솥을 사용, 넉 자 칼을 만들었다. 여든 번 달구고 육십 번 후려쳤다. 이 칼을 차는 자는 장수하고 자손이 양양하고 세 가지 은덕을 입을 것이며, 그 다스리는 바를 잃지 아니할 것이다. '이다가'가 칼을 만들고 '장안'이 글을 썼다.」

　백제 개로대왕(455~475)을 섬기던 기리가 만든 칼이다. 기리는 458년 개로대왕이 송나라에 보낸 상표문에서 개로대왕은 열한 명의 대신에게 작위를 제수해줄 것을 송나라에 요청하고 있다. 여기서 '좌현왕 여곤'과 함께 '우현왕 여기'로 나온다. 북방 유목 민족의 군사 제도를 보면 왕의 직할지 밖의 왼쪽 영토에는 권력의 둘째인 이인자를 그 영주로 임명하고, 그 바른쪽 영토에는 우현왕을 영주로 임명한다. 여곤(余昆)은 개로대왕의 아우 '곤지'이고 여기(余紀)는 '기리'이다.

　기리가 다스리던 담로는 규슈 다나마 지방이고 좌현왕 여곤이 다스리던 담로는 오사카 긴키 지방이었다. 즉 왜 나라의 백제 담로는 고확고가 다스리던 동경 북쪽의 교다(行田) 지방, 우현왕 여기가 다스리던 규슈의 다나마(玉名) 지방, 그리고 좌현왕 여곤이 다스리던 오사카 긴키 지방

세 곳에 있었던 것이다.

에다후나야마 고분(일본어: 江田船山古墳)은 일본 구마모토현 다마나 시에 있는 고분으로 1873년 1월 4일 발굴된 전방후원분이다. 14개의 큰 칼이 출토되었는데, 말의 모습이 은 상감된 철제 칼도 발견되었다. 이와 함께 금동제 관모와 금동제 관, 그리고 청동 거울이 발견되었다. 금귀고 리도 출토되었는데 가야 지역에서 출토된 것들과 유사하다. 금동 신발 도 함께 출토되었는데 무령왕릉이나 익산의 고분에서 나온 유물들과 유 사하다.

대도의 명문을 "서치대왕 때 아구가 8월 중순 무렵 큰솥 4자 정도의 대도를 수십 번 두들겨서 좋은 칼을 만들게 했다. 이 칼을 차는 자는 자 자손손 그 은혜를 입을 것이다."라고 해석하기도 하는데 일본에서 가장 오래된 금석문이라고 교과서에 소개되었다. 칼은 5세기 전반에 제작된 것으로 추정되고 있다. (에다후나야마 고분, 위키백과)

제4부

진구우(神功, 신공) 황후는
누구인가

진구우(神功, 신공) 황후는 『일본서기』 기년으로 201년에서 268년까지 왜의 조정을 장악한 인물로 묘사되어 있다. 이주갑 더한 연도로 환산한다면 321년에서 388년 사이 집권했다. 이주갑 더한 연도로 환산하는 것은 진구우 황후기에 가끔씩 기록된 백제 왕들 관련 기사의 삽입 때문이다. 이것은 『일본서기』를 만든 사람들이 진구우 황후라는 인물을 위해 기년을 조정하면서 조정된 기년에 나름대로의 신빙성을 부여하고자 백제 왕력을 삽입했다. 그러나 어떤 것은 바르게, 어떤 것은 틀리게 기록함으로서 『일본서기』를 읽는 사람들에게 대단한 혼란을 주고 있다. 황후의 활동 내역은 언급하지 않고 몇 년도에 백제의 어느 왕이 죽고, 어느 왕이 즉위했다고 삽입해 놓았는데, 이것을 백제의 실제 왕력들과 비교해보니 120년의 차이가 있다고 일본 학자들이 발견했다.

일본 사학계는 『일본서기』 「신공황후기」가 간지(干支)로 따져 이주갑(120년)을 인상하여 서술되어 있다고 주장했다. 그들은 신공 55년조(서기 255년 을해년, 백제 고이왕 22년)에 "백제의 초고왕(肖古王)이 죽다."라고 한 기사와 그 이듬해인 신공 56년조(서기 256년 병자년, 고이왕 23년)에 "백제 왕자 귀수(貴須)가 왕이 되다."라는 기사가 삽입되어 있음을 그 근거로 들고 있다. 『일본서기』의 기년대로 치면 이 두 연대는 실제로 백제의 고이왕 시절인데 느닷없이 초고왕(肖古王)이 죽고 왕자 귀수(貴須)가 왕이 되었다고 엉뚱한 기사를 삽입시켜 놓았다는 말이다. 그래서 일본 학자들은 이처럼 엉뚱한 기사와 연대상의 불일치를 놓고 그 원인을 분석한 결과, 이주갑을 끌어내려 신공 55년(255년, 을해년)을 서기 375년(을해년)에 맞추어 보니 공교롭게도 그 해가 백제의 근초고왕(近肖古王)이 죽은 해였다. 신공 56년(256년) 역시 이주갑(120년)을 인하하면 서기 376년에 해당하고 이 해는 백제 근구수왕(近仇首王) 재위 원년에 해당한다. 따라서 신공기의 모든 연대를 120년을 내려서 파악하면 삼국사기의 기년과 일치한다고 주장해온 것이 이른바 이주갑설(二周甲說)이다.

그러나 백제 초고왕(肖古, 165년 즉위)과 근초고왕(近肖古王, 346년 즉위)은 이름이 비슷하지만 같은 사람이 아니다. 또 근구수왕(近仇首王)은 이름을 수(須)라고 한다는 기록이 있으나 귀수(貴須)라고 부르지 않았다. 혼돈하기 쉽게 의도적으로 섞어 놓았다고밖에 볼 수 없다. 진구우 55년의 초고왕과 삼국사기의 근초고왕을 같은 사람으로 볼 수 없는데도, 진구우 46년 '사마숙네가 겸인 이파이와 탁순인 과고 두 명을 백제국에 파견하였을 때 백제의 초고왕(肖古)이 매우 기뻐하며 후하게 대접하였다'는 얘기가 나오고, 진구우 49년 '백제왕 초고(肖古)와 왕자 귀수(貴須)가 군대를 끌고 와서 만났다'는 대목이 다시 나온다. 또한 백제 5대 초고왕(肖古)의 재위 기간은 165년부터 214년까지이므로 진구우 46년이라는 『일본서기』의 246년과는 큰 차이가 난다.

초고왕의 아들인 6대 구수왕은 214년 즉위하여 21년간 다스렸다. 초고왕과 근초고왕, 귀수왕과 근구수왕 이름이 서로 비슷하다고 해서 아무런 근거 없이 갖다 붙여 놓음으로써 상당한 혼란을 의도적으로 야기하고 있다고 볼 수 있다.

『일본서기』와 『삼국사기』를 비교해 보면 아래 표와 같다.

『일본서기』	『삼국사기』
① 진구우 55년(255년, 2갑자 인하 375년) 백제 초고왕(肖古)이 죽었다.	(1) 근초고왕(近肖古王): 비류왕의 둘째 아들로 346년에 계왕이 죽자 왕위를 이었다. 375년 왕이 죽었다.
② 진구우 56년(256년, 2갑자 인하 376년) 백제 왕자 귀수(貴須)가 왕위에 올랐다.	(2) 근구수왕(近仇首王): 375년 왕위에 올랐다. 384년 죽었다.
③ 진구우 64년(264년, 2갑자 인하 384년) 백제 귀수왕이 죽었다. 왕자 침류가 왕위에 올랐다.	(3) 침류왕(枕流王): 384년에 즉위했다. 385년 11월에 죽었다.
④ 진구우 65년(265년, 2갑자 인하 385년) 백제 침류왕(枕流王)이 죽었다. 왕자 아화는 나이가 어려 숙부 진사(辰斯)가 왕위를 빼앗아 왕이 되었다.	(4) 진사왕(辰斯王): 침류왕의 아우로, 침류왕이 죽었을 때 태자가 어렸으므로, 숙부인 진사가 왕위에 올랐다.(385)
⑤ 오진(應神) 3년(272년, 2갑자 인하 392년) 백제에서 진사왕을 죽이고 아화왕을 세웠다.	
⑥ 아화왕이 왕자 직지(直支)를 왜에 파견하여 선왕의 우호를 닦도록 하였다.	

⑦ 오진(應神) 16년(285년, 2갑자 인하 405년) 백제 아화왕이 죽자 천황이 직지를 본국으로 보내어 왕위를 계승하게 하였다.	
⑧ 오진(應神) 25년(294년, 2갑자 인하 414년) 백제 직지왕이 죽고 아들 구이신(九爾辛)이 왕이 되었다.	

　그러나 침류왕이 왕위에 올랐다는 진구우 64년(264년)과 삼국사기의 384년, 진사왕이 즉위했다는 진구우 65년(265년)과 『삼국사기』의 385년은 각각 120년씩 차이가 난다. 상기 『일본서기』의 ③④⑤⑥⑦⑧ 내용은 『삼국사기』의 같은 사실과 각각 정확하게 120년씩 차이가 나고 있다. 그래서 진구우 황후기의 연도를 이주갑 더한 연도로 환산하게 되었는데, 이와 같은 『삼국사기』와 『일본서기』의 이주갑 연도 차이는 15대 오진(應神)과 16대 닌도쿠(仁德) 및 그 후대 몇 대까지 이어진다.

　그러나 이 이주갑 연도 환산은 모두 다 적용할 수 있는 것이 아니다. 이런 현상은 제21대 유라쿠(雄略, 웅략)대에 이르러서는 연도의 차이가 없이 제자리를 찾아가고 있다. 이런 것이 『일본서기』의 부정확한 연대 기술의 한 단면을 나타내고 있어 『일본서기』를 보는 사람들에게 쓸쓸함을 안겨준다.

　그렇다면 『일본서기』에서 「진구우 황후기」부터 이주갑이 적용된 이유는 무엇일까? 「진구우 황후기」의 진실은 과연 무엇인가?

『일본서기』 진구우(神功) 황후기의
진실은 무엇인가

「진구우 황후기」에 이주갑을 적용한 이유는 무엇일까? 중국의 역사에도 기록이 있는 야마타이국(邪馬臺國)의 히미코 여왕 얘기는 어떤 이유로 사라졌을까? 진무(神武) 천황의 적통임을 자랑하는 일본 왕실로서는 귀신의 술책을 부려서 민중을 미혹시켜 왕이 된 히미코를 역사서에 기록하고 싶지 않았던 것일까, 아니면 달리 숨기고 싶은 어떤 사연이 있었던 것일까? 그렇다면 그 사연은 무엇이었을까?

『임나신론(任那新論)』의 김문배, 김인배 두 공동 저자는 저서에서 '백제의 고이왕(古爾王) 시절(234~286)에 이루어진 왜 나라로의 진출 사실을 은폐 내지 호도하려는 의도적인 조작'이라고 피력했다. 백제의 초고왕(재위 165~214) 때에 해상을 통한 규슈(九州)에의 진출이 이루어지고 고이왕 시대에 이르러서는 본격적인 침공을 시작함으로써 이 무렵부터 일본 열도가 백제의 영향권 아래 놓이게 된 치욕스런 사단(事端)을 후일의 『일본서기』 편찬자들이 은폐하고 싶었기 때문이었을 것이라고 보고 있다. 충분히 개연성이 있는 지적이다. 백제가 왜 나라에 보유했던 3곳의 담로는 담로가 생겨나기 전에 백제의 침략 행위가 수반되어야만 가능했기 때문이다. 그렇다면 3세기 전반에 나타난 진구우 황후의 활약은 믿기 어려운 얘기가 되고 만다. 그러면 진구우 황후는『일본서기』가 만들어 낸 가상의 인물인가?

그러나 진구우 황후가 가상의 인물이라 해도『일본서기』진구우 황후기에 나와 있는 기록들이 전부 꾸며 낸 것은 아니었을 것이다. 진구우 황후는 14대 치우아이(仲哀, 중애) 천황의 실제 부인이었을 가능성이 있다. 황후의 활동 중 어느 것이 사실이고 어느 것이 가공된 기록인지는 분간하기가 쉽지 않다. 일본 학자들 사이에서도 이마니시류(今西龍) 이후 오진(應神)이 진구우(神功)의 소생이 아니라는 것, 또 오진(應神)이 쯔쿠시에서 태어났다는 것이 허구라는 것이 이미 일반론으로 굳어져 왔다.

사학자 나가도미히사에(永留久惠) 씨는 "진구우 황후가 허구의 인물이라는 사실은 말할 여지도 없다. 우선 삼한 정벌을 뒷받침할 수 있는 근거는 한반도에는 없고 일본에도 없다. 여러 일본 측 사서에 기록이 있으나 이 사서들을 믿는 학자는 거의 없다"고 지적했다.

여기에서 조심스럽게 필자의 생각을 피력해본다.『일본서기』편찬자들은 백제 사람들이었고 백제에서 나라를 잃고 왜 나라로 쫓겨 온 사람들이었다. 이들은 역사를 편찬하면서 신라, 백제는 물론이고 고구려까지 정벌해서 조공을 받을 만큼 대단한 인물을 하나 내세우고 싶었다. 그러나 진구우 황후가 활약했던 시기에 그런 인물을 찾을 수가 없었다. 실제로 내세울 만한 사람을 찾아보니 야마타이국의 히미코 여왕이 있었다. 그녀뿐이었다.

그녀는 중국과 신라의 역사에 기록될 만큼 유명했던 왜 나라 통치자였다. 야마타이국의 지배자 히미코 여왕은 일본 역사상 최초의 여성 지배자로, 『삼국지』 「위지동이전」, 「왜인조」, 『후한서』 「동이전」, 『수서』 「야마토국전」 등에 그 기록이 있다. 그녀는 중국의 위왕으로부터 친위왜왕(親魏倭王)이란 칭호와 금인자수(金印紫綬) 및 거울을 받았다.

그녀가 신라에 사신을 보냈다는 기록도 있다. 그러나 진구우 황후의 활동 시기가 4세기경인데 비해 히미코 여왕은 3세기 전반의 인물이었다. 장고에 들어간 그들은 진구우 황후의 활동 시기와 기록들을 모두 히미코 여왕이 활동한 시대로 과감하게 옮겨 버리기로 결정한 것이 아닐까?

당시는 간지(干支)로 연대를 표시하던 시대라 2개의 간지, 즉 120년을 옮겨버리고는 그것을 감추기 위해서 비슷한 백제 왕력들을 가끔씩 끼워 넣기로 한 것이 아닐까? 그리고 120년 차이 나는 연도 수는 초기 왕들의 재위 기간과 천수를 늘려서 맞추어버린 것이 아닌가 하는 생각을 하게 된다.

이 120년의 공백을 메꾸기 위해 『일본서기』는 진구우(神功), 오진(應神), 닌토쿠(仁德) 천황 등의 재위 기간을 늘리는 방법을 택한 것이라 생각된다. 제10대 스진(崇神) 천황은 67년 치세에 120살, 제11대 스이닌(垂仁)은 99년 치세에 140살, 제12대 게이코(景行)는 59년 치세에 106살, 제13대 세이무(成務)는 59년 치세에 107살, 섭정 진구우(神功) 황후는 69년 치세에 100살, 제15대 오진(應神) 천황은 40년 치세에 100살, 제16대 닌도쿠(仁德) 천황은 87년 치세에 100살 이상 산 것으로 기록하고 있다.

당시 고도의 문명을 자랑하던 중국에서는 70세 살기가 어려웠던 시기였다. 신화시대도 아닌데 왕들이 100살 이상 살았다는 것은 믿기 어렵지 않은가?

일본 역사학자들 중에서 10대 스진(崇神, 숭신) 천황을 실재한 최초의 천황으로 보는 학자들이 있다. 에가미 나미오(江上波夫) 교수는 기마 민족 정복 왕조설을 주장하며 스진(崇神)은 임나(미마나)에서 大和로 들어온 왕이었다고 하였다. 역사학자 미즈노 유우(水野祐)는 스진(崇神)을 실재한 최초의 천황이자 스진(崇神) 왕조의 시조로 보았다. 大和에 기반을 둔 스진(崇神) 왕조는 그 후 세이무(成務, 성무), 치우아이(仲哀, 중애)로 이어진다. 그즈음 구주에서 구노국(狗奴國)이 여왕국과 전투에서 승리하여 구주를 통일하였다. 중애(仲哀)는 구주에 원정하여 구노국과 싸웠으나 패배하고 스진(崇神) 왕조는 멸망하였다. 그 후 구노국이 기내(畿內)로 동천하여 닌토쿠(仁德, 인덕)를 시조로 하는 왕조를 세웠다고 하는데, 이후 스진(崇神)을 실재한 최초의 왕으로 보는 견해는 정설이 되고 있다.

고사기와 일본서기에서 스진(崇神, 숭신)에게 일어난 일을 진무(神武, 신무)로 조작했기 때문에 숭신 시대 이전에 살던 히미꼬를 지워야 할 수밖에 없었다는 얘기가 있다. 『일본서기』에서는 일본 최초의 천황을 진무덴노(神武 천황) 카무야마토이하레비코스메라노미코토(神日本磐余彦天皇, 신일본반여언 천황)라고 기록하고 있다. 진무(神武, 신무)라는 가공 인물을 내세워 우가야 왕조를 말살한 일본의 역사는 동시대의 인물 히미꼬를 지워야 했다는 것이다.

야마다이국(邪馬臺國)의 히미꼬(卑彌呼)

히미꼬(卑彌呼)는 2세기 후반에서 3세기 중반까지의 인물이다. 영능자(靈能者), 초능력자 등으로 평가되고 있으며 제사 때 주술을 부렸던 여자 무당 같은 존재로 왕권을 잡았다.

사학자 박병식 씨는 히미꼬를 고령(高靈)의 대가야족 후손이라 했다. 히미꼬(日御子)는 '태양신의 자손'이란 뜻이다. 초기 대가야족은 태양 신앙족이었으므로 왕명에 '태양=해'의 뜻을 붙여 신성시했다. 히미꼬가 야마다이국(邪馬臺國)을 건국한 연대는 서기 170년경이다. 이즈모에서 기반을 구축하고 나서 규슈로 진출했다. 왜국(倭國) 도처에 분쟁이 많았던 시기이다.

『삼국사기』의 「신라본기」 제8대 아달라왕 20년조(173년) 5월에 "왜왕 히미꼬(卑彌呼)가 사절을 보내 신라 왕가에 인사를 올렸다"고 기록되어 있다. 히미코는 왜 신라에 사신을 파견했을까? 신라가 삼국을 통일한 후 고려 때에 와서 김부식(1075~1151)이 『삼국사기』를 편찬하면서 신라 중심으로 표기하였기 때문에 여기에 기술된 신라는 상가야(上伽耶=大伽倻)라고 해야 정확하다. 당시 신라는 전신인 서라벌 시대였다. '신라'라는 국호가 제정된 것이 서기 307년경이었다.

히미꼬에 관한 기록은 『위지(魏志)』 「왜인전(倭人傳)」에도 나와 있다. "…220년 후한의 멸망 후 중국에서는 위(魏), 촉(蜀), 오(吳)의 삼국 시대가 시작된다. 화북을 통일한 위는 238년 요동의 공손씨(公孫氏)를 멸망시키고 낙랑, 대방의 2군을 접수하고, 다시 한반도 북방에 대한 중국의 직할 체제를 구축하려고 하였다. 이러한 상황을 감지한 야마다이고꾸의 여왕 히미코는 이듬해인 239년 위의 수도 낙양에 사신 난두미(難豆米)를 파견하여 많은 조공을 바쳤다. … 위왕이 히미꼬에게 친위왜왕(親魏倭王)의 금인자수(金印紫綬)를 보냈다. … 그는 남쪽의 구노국(狗奴國: 남규슈의 가야족 세력)을 정벌하겠다면서 지원군을 요청했다"는 내용의 요지이다. 히미꼬는 태양 신앙 족인데, 구노국의 김해 가야 족은 곰 신앙 족이었다.

『삼국지(三國志)』 권30 「왜인전」에도 '야마타이국'의 역사가 기록되어 있다.

"그 나라는 본래 남왕(男王)이 7·80년간 다스리다가 왜국에 난이 일어나 수년간 서로 공벌하였다. 그 후 서로 합의하여 한 여자를 왕으로 삼으니 그가 히미코(卑彌乎)다. …정시 8년(247년)에 왜 여왕 히미코가 죽었다. 남자가 왕이 되려 하자 온 나라가 불복하고 서로 싸워 천여 명이 죽고서야 그 후 13세인 히미코의 종여(宗女) 이요(壹與)가 왕이 되어 나라가 겨우 안정되었다."

일본 천황 가문은 백제 왕가의 혈통인가

『일본 국가의 기원』을 저술한 일본 사학자 이노우에 마쓰사다(井上光貞)는 묘견 공주 히미코는 규슈 일대에서 29개의 소국 5만 호(戶)를 평정, 야마다이국의 여왕이 된 인물로 일본 왕가의 전설적인 시조 아마테라스 오미카미(天照大神)라고 밝힌 적이 있다.

『일본서기』 진구우(神功) 39년조에 인용된 「왜인전」의 명제 경초 3년조(239년)에 왜 여왕 히미코(卑彌呼)가 적혀있다.

> 39년 是年也, 大歲己未 [魏志云, 明帝景初三年六月, 倭女王遣大夫難斗米等, 詣郡, 求詣天子朝獻, 太守鄧夏遣使將送詣京都也.]

> 이 해의 간지는 기미(己未)이다. [위지(魏志)에서는 명제(明帝) 경초(景初) 3년 6월에 왜 여왕이 대부(大夫) 난두미(難斗米)를 보내 군(郡)에 이르러 천자에게 가서 조헌할 것을 청하자, 대방군 태수 등하(鄧夏)가 관리를 보내 데리고 가게 하여 경도(京都)에 이르게 하였다고 한다.]

이를 통해 『일본서기』 편찬자는 신공황후를 비미호로 비정하여 신공기 편년을 구성하였음을 알 수 있다. 그러므로 진구우 황후를 히미코(卑彌呼)로 보는 학자도 있다.(『일본은 구다라 百濟 망명정권』 김성호 p132~134에 적혀 있는 내용이다.)

① 남왕 시대

「왜인전」에 남 왕들 통치 기간이 7·80년간이라 한 만큼 야마타이국의 성립 연도는 남 왕파 마지막 쥬아이(仲哀)가 암살된 아달라왕 20년(173년)에서 7·80년 전인 98년경이었다. 이 7·80년간(98년경~173)에『일본서기』가 말하는 야마타이국의 시조 제10대 슈진(崇神), 제11대 스이닌(垂仁), 제12대 게이코(景行), 제13대 세이무(成務), 제14대 쥬아이(仲哀)까지 1인당 평균 15년씩 재위하였다.

② 대란 시대

남왕파의 마지막 쥬아이가 암살(173년)되고서부터 178년까지의 5년간은 남·여왕파가 서로 싸운 '왜국대란' 시기였다.

③ 히미코 시대

'왜국대란'을 치른 후 남·여왕파의 합의로 히미코가 즉위(178)하였다. 그 후 「왜인전」의 "위나라 정시(正始) 8년(247)에 히미코가 죽었다.[其八年卑彌呼以死]" 따라서 히미코의 재위 기간(178~247) 69년간은『일본서기』가 말하는 진구우 황후(神功皇后)의 재위 기간 69년간에 꼭 일치한다.

④ 이요 시대

247년에 히미코가 죽어 약속대로 남왕파가 복귀하려 해도 온 나라가 불복하여 서로 싸우다가 1천여 명이 죽고서야 히미코의 종녀 이요(壹與)가 즉위하여 나라가 겨우 안정되었다. 그런데 「왜인전」에 히미코(진구우)가 죽은 해는 247년인데,『일본서기』에 진구우가 69년(269년)에 죽었다고 한다. 따라서 히미코가 죽은 247년에서 진구우 황후가 죽은 269년까지 22년간은『일본서기』가 말하지 않은 이요의 재위 기간에 해당한

일본 천황 가문은 백제 왕가의 혈통인가

다. 그리고 『일본서기』에 남왕들의 나이를, 제10대 슈진을 120세, 제11대 스이닌을 140세, 제12대 게이코를 106세, 제13대 세이무를 107세 그리고 제14대 쥬아이를 52세로 한껏 늘리어 '왜국 대란(5년간)'과 이요의 '재위 기간(22년간)'을 은폐했으니, 「왜인전」의 4개 단락과 『일본서기』의 복원 기년을 대비하면 다음과 같다.

『삼국지』「왜인전」	『일본서기』의 복원 연대
–	제1~9대 천황(가왕들)
① 남왕 시대(98~173): 7·80년간	제10~14대(崇神·垂仁·景行·成務·仲哀)
② 대란 시대(173~178): 5년간	…… (은폐) ……
③ 히미코 시대(178~247): 69년간	진구우 황후(200~269): 69년간
④ 이요 시대(247~269): 22년간	…… (은폐) ……

「왜인전」과 『일본서기』의 연대 비교

『일본서기』의 제1~9대 천황들은 제1대 진무의 건국 연도를 기원전 660년으로 밀어내기 위하여 설정한 '가왕'들이다. 그리고 「왜인전」의 남왕들의 재위 기간(98~173)을 연장하여 '대란시대'와 이요가 재위한 22년간을 은폐했으니 「왜인전」의 4개 단락은 『일본서기』의 복원 연대와 일치할 수밖에 없다. 「왜인전」은 『삼국지』이외에 『후한서』, 『진서』, 『송서』, 『남제서』, 『양서』, 『수서』에 적혔어도 가장 일찍 저작된 『삼국지』(295년경) 것이 가장 정확하여 『일본서기』의 저자들은 『삼국지』「왜인전」을 대본으로 삼아서 『일본서기』를 왜곡한 것이다.

임나일본부설

임나일본부설이란 서기 369년 야마토 왜의 진구우(神功) 황후가 전쟁을 하지 않고도 임나(任那) 7국과 4읍을 점령, 4세기 후반부터 6세기 중엽까지 약 200년간 지배했다는 기록이 일본의 옛 역사책 『일본서기』에 적혀 있다는 것이다. 그러나 한국의 어떤 역사책에도 그런 기록이 없다. 전혀 그런 사실이 없기 때문이다.

식민지 시대 이 '임나일본부설'의 근거를 찾기 위해서 일본 정부는 혈안이 되어 한반도 남부의 가야 유적을 집중적으로 파헤치고 다녔다. 수많은 고분을 닥치는 대로 파헤치면서 출토된 귀중한 유물과 사료들을 마구 훼손하기도 하고 수많은 유물을 닥치는 대로 일본으로 가져갔다. 그러나 출토된 유물들을 연구하면 연구할수록 고대 일본을 형성시켜 준 선진물들이 가야 유적에서 쏟아져 나온 것을 확인해야만 했다. 고고학적 출토 유물의 실상을 놓고 볼 때 옛 가야의 영역에서 발굴된 각종 무구류(武具類)의 우수함은 당시의 일본보다 훨씬 앞서 있었고, 어떤 것은 인근의 신라(新羅)보다도 앞서 있었음을 보여주었다.

임나일본부란 1910년 일본이 한국을 강제로 병합하면서 그 연고권을 주장하기 위하여 한국의 일부는 일본의 지배를 이전에도 받았다는

일본 천황 가문은 백제 왕가의 혈통인가

허구를 일본의 군국주의자들이 억지로 만들어 붙인 것이었다.

『일본서기』 「숭신기(崇神紀)」 65년에 임나(任那)라는 용어가 처음 나온다.

> 秋7月 任那國遺蘇那曷叱知, 今朝貢也.
> 任那者去筑紫國, 二千餘里.
> 北阻海以在鷄林之西南

이를 해석하면 아래와 같다.

> 가을 7월에 임나국(任那國)이 소나갈질지(蘇那曷叱知)를 파견하여 조공하였다.
> 임나(任那)는 축자국(筑紫國)으로 2천여 리(二千餘里) 가면 있는데, 북(北)으로는 바다(海)로 막혀 있고 계림(鷄林)의 서남(西南)쪽에 있다.

그동안 많은 학자, 특히 일본 학자들이 한자 '去'의 해석을 제대로 하지 않았다. 다분히 의도가 담긴 엉터리 해석이었다. 중국어에서 '你去哪儿? 我去學校.' 하면 '너(你) 어디(哪儿) 가니(去)? 나(我) 학교(學校) 간다(去).'는 의미이다. 你는 '너', 哪儿는 '어디'이다. '나는 학교와 떨어져 있다.'라는 말이 아니다.

'我去中國' 하면 '나는 중국에 간다' 또는 '나는 중국으로 간다.'라는 뜻이다. 이 '去'를 '간다(to go)'라고 해석해야 하는데 '떨어져 있다(距,

distance, gap)'라고 엉뚱한 해석을 하고는 임나(任那)를 찾는다고 많은 일본의 역사학자들이 축자국에서 2,000여 리 떨어진 한반도 남부 지방을 찾아다녔다.

축자국은 고대 규슈의 북쪽에 위치했던 작은 나라의 이름이고, 계림은 신라의 경주를 뜻한다. 한반도의 남부 지방은 어느 곳도 북쪽으로 바다가 막힌 곳이 없는데도 이들은 아랑곳하지 않았다.

(『任那新論』김문배/김인배, p16) 칸 마사도모(菅政友)의 『任那考』(1893)를 필두로 하여 나카 미찌요(那珂通世)의 『加羅考』(1894~1896), 쓰다 소우키찌(津田左右吉)의 『任那疆域考』(1913), 이마니시류(今西龍)의 『加羅疆域考』(1913), 아유가이 후사노신(鮎貝房之進)의 『日本書紀 朝鮮地名攷』(1937), 이케우찌 히로시(池内宏)의 『日本上古의 一研究』(1947)에 이어서, 스에미쓰 야스카즈(末松保和)의 『任那興亡史』, 가까이는 이노우에 히데오(井上秀雄)의 『任那日本府와 倭』(1978) 등이 모두 그런 부류의 연구 자료들이다.)

과거 일본인들에겐 소위 '皇國 사관'이라는 것이 주입되어 있었다. 일본 '천황'은 하늘의 자손이고 신이므로 그의 말은 무조건적으로 신봉해야 하며 일본은 신이 다스리는 나라라는 것이다. 이 황국 사관은 일본 우월주의와 함께 제국주의 시절 일본의 만행을 정당화시키는 데 앞장서서 사용되어 왔다. 또한 이것을 근거로 우리나라와 아시아, 더 나아가 세계를 정복하여 천황 중심의 세상을 건설하려고 했다. 이들은 진구우(神功) 황후라는 여왕이 고대에 한반도 남부를 정벌하고 가야에 임나일본부를 세웠으며 200년 동안 지배했다는 엉터리 주장에다 터무니없는 연고권을 내세워서 우리나라를 침략했다. 고대에는 일본이란 이름도

일본 천황 가문은 백제 왕가의 혈통인가

없었고, 우리나라 어느 역사서에도 그런 기록이 없어 전혀 말도 안 되는 얘기지만, 불과 70여 년 전까지만 하더라도 이것이 철저하게 먹혔다. 강제로 나라를 빼앗긴 식민지 시대였기 때문에 아무도 반박할 수가 없었다.

일본의 사가들은 대륙 침략을 위한 황국 사관에서 비롯된 잘못된 교육으로 고대에 임나일본부가 한반도 남부에 있었다고 단정하는 큰 잘못을 저질렀다고 생각된다. 그들의 선조들은 하루아침에 나라를 잃어버리고 한반도의 백제(百濟)에서 섬으로 쫓겨 간 나쁜 기억들을 뼛속 깊이 간직하고 있었다. 가슴속에 남아 있던 한 맺힌 앙심들이 먼 훗날 독버섯으로 다시 자라나 도요토미 히데요시는 조선 반도를 침략하는 임진왜란 (壬辰倭亂, 1592)과 정유재란(丁酉再亂, 1597)을 일으켰다. 또한 잦은 왜구 (일본 해적)들의 침투 지역은 대부분 백제를 멸망시켰던 경상도 지방 해안이었다.

1895년에는 조선의 궁전에 깡패들을 동원하여 왕후를 살해하는 만행을 저질렀다. 힘이 없던 조선은 1910년 일본의 식민지가 되었다. 35년의 식민지 시대가 지나가고 세계 2차 대전의 종식으로 조선이 해방되고(1945) 다시 대한민국으로 태어났다. 그러나 교육이 한 번 잘못 주입되면 아주 무서운 흉기가 되는 것인가? 일본의 마지막 총독, 아베 노부유키(安倍信行, 1875~1953)는 이런 망발을 하고 돌아갔다.

"우리는 패했지만 조선은 승리한 것이 아니다. 장담하건대 조선민이 제정신을 차리고 찬란하고 위대했던 옛 조선의 영광을 되찾으려면 100년이라는 세월이 훨씬 더 걸릴 것이다. 우리 일본은 조선인에게 총과 대

포보다 무서운 식민 교육을 심어 놓았다. 결국은 조선인은 서로 이간질하며 노예적 삶을 살 것이다. 보라! 실로 조선은 위대했고 찬란했지만 현재 조선은 결국 식민 교육의 노예로 전락할 것이다. 그리고 나 아베 노부유키는 다시 돌아올 것이다."

　식민지 시대 일본 학자들로부터 교육을 받았던 조선의 역사학과 학생들이 해방 후 교수가 되고, 대한민국 사학계의 중추적 역할을 맡게 되었다. 그러나 임나일본부에 대한 이들의 역사관은 별로 달라지지 않았다. 이들은 이상한 집단으로까지 변모하여 이들과 견해를 달리하는 학설이 나오면 가차 없이 배척해 버리고 스스로를 '강단사학자들'이라 구분 짓고는 비판하는 학자들과는 상당한 거리를 두어 왔다. 스스로 우물 안 개구리가 되고 만 것이라 할 수 있다.

　한국의 강단사학계는 지금도 '임나(任那)'를 종래 일본 사학계의 주장대로 한반도의 '가야 연방체'로 인식하는 수준에 그대로 머물고 있다고 해도 과언이 아니다. 金泰植은 「6세기 전반 가야 남부 제국의 소멸 과정 고찰」에서 『일본서기』 「欽明紀」 2년(541년) 4월조의 기사에 나오는 南加羅를 지금의 김해 지방으로, 喙己呑을 靈山·밀양에, 卓淳을 창원에 비정하고 있다.

　2016년 10월 한성백제박물관에서 한국고대사학회가 주도하는 고대사 시민 강좌에 강사로 나온 李永植은 『일본서기』에 기록된 임나일본부의 관련 사료는 가야 지역에서 전개되었던 역사적 사실로 보아야 한다면서 왜의 사신에 지나지 않는 몇몇 인물들인 임나일본부들이 백제, 신라, 가야의 이해관계를 좌지우지하였다면서 임나 외교 사절설을 주장하였다. 또 李永植과 白承忠 두 사람은 己汶을 남원으로 帶沙를 하동으로 비정하고 있다.

임나 4현(任那四縣)은 『일본서기』에 등장하는 상치리(上哆唎), 하치리(下多唎), 사타(娑陀), 모루(牟婁)의 4개 지역을 가리키는 지명인데, 이 4현의 위치 비정에 있어서는 학자마다 견해가 다르다. 김정학은 이를 섬진강 하구에서 낙동강 유역에 이르는 가야와 백제 사이의 완충 지대로 보았고, 천관우는 이를 낙동강 상·중류 방면에 비정하였다. 또 최인선은 임나 4현을 순천, 광양, 여수 등의 전남 동남부권에 비정하였다.

약간 다른 시각을 가진 학자도 있었다. 「신공기」 49년조에 나오는 히시호(比自㶱), 아리히시-노-가라(南加羅), 도꾸-노-쿠니(喙國), 아라(阿羅), 다라(多羅), 다꾸준(卓淳), 가라(加羅)의 新羅 7국의 위치에 대해서 문정창(文定昌)은 7국이 對馬, 壹岐, 남규슈 지방의 島嶼였을 것이라고 하였고, 李炳銑은 모두 대마도 내의 邑落國으로 보고 그곳을 비정하였다. 이 외에도 여러 학자가 고대 한반도의 남부 지방으로 비정하였다. (『任那新論』 p24, 302)

임나본부설이 완전히 허구라고 밝혀진 현재도 일본의 서적이나 학교 교과서에서 신공 황후의 한반도 남부 정벌론에 기초한 임나일본부설이 사실이라고 교육되고 있다. 대체로 다음과 같다.

① 임나(任那)는 370년경부터 562년경까지 약 200년간 일본이 남부 조선에 가졌던 식민지적 지배를 행하였던 지명이다.(일본역사대사전)

② 임나(任那)는 4세기 중엽부터 6세기 중엽까지 약 200년간 일본이 남부 조선에 가졌던 식민지적 명칭이며, 이는 낙동강 유역에서부터 섬진강 유역까지 포함된다.(세계백과사전 – 일본 平凡社)

③ 이 사진은 일본의 대표적인 극우 출판사 지유샤의 2009년 판 교과서에 나와 있던 지도다. 임나일본부설은 한국과 일본의 공동 연구로 2010년 공식적으로 폐기된 학설이다. 한일역사공동위원회는 임나일본부의 존재 자체가 없었다는데 합의했으며, 더불어 임나일본부라는 용어도 쓰지 않기로 했다. 그러나 한일합의로 폐기된 '임나일본부설'이 다시 부활하고 있다.

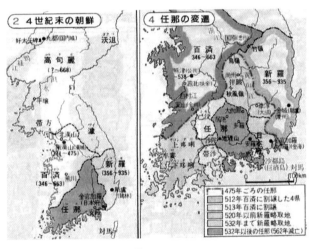

(출처: 네이버 블로그 〈무수천의 공간〉)

④ 2012년도 나온 중등 교과서의 한반도 남부 지도에 임나(任那)라고 여전히 표기하고 있다. 현재 일본의 위키피디아에도 여전히 한반도 남부에 임나라고 표기하고 있는데, 사실이 아닌 것을 계속 표

기하고 있는 것이다.

(출처: 네이버 블로그 〈행복하게 살아요〉)

⑤ 『일본서기』에 나와 있는 기록들을 찾아보면서 임나일본부가 실제로 어디에 있었는지 알아보자.

(1) 계체(繼體) 6년 (512년) 12월조,

「백제가 사신을 보내어 조를 바치고 따로 표를 올려 임나국의 상치리(上哆唎), 하치리(下哆唎), 사타(娑陀), 모루(牟婁)의 4縣을 청하였다. 다리국수인 수적신압산이 아뢰기를 "이 4현은 백제에 근접해 있고, 일본과는 멀리 떨어져 있습니다. 백제와 4현은 아침저녁으로 교통하기 용이

하고 닭과 개의 소리가 어느 쪽의 것인지 구별하기 어렵습니다." …」

任那 위치 (출처: wikipwdia Japan)

⇒ 백제와 임나의 4현이 가까이 있어 기르는 가축의 소리도 어느 집에서 나는지 구별하기 어렵지 않다는 것은 백제와 임나 4현이 거의 한 동네, 같은 마을에 있었다고 해야 한다. 강가로 낚시를 가면 강 건너 마을의 동물 울음소리 가 모두 들려온다. 그러나 강폭이 아주 넓거나 멀리 떨어지게 되면 잘 들리지 않는다. 더구나 마을과 마을 사이에 산이나 큰 언덕이 있다면 전혀 들을 수가 없다. 백제와 임나 4현이 얼마나 가까운 이웃 동네였기에 가축의 소리까지 그 주인을 알 수 있었을까? 여기에서 말하는 백제는 한반도의 백제가 아니라 규슈에 있었던 백제의 분국 '구다라 백제'였다. 임나국의 상치리, 하치리, 사타, 모루의 4현은 구다라 백제와 가까운 거리에 있었다.

(2) 欽明 元年(540년) 8月條에 「高麗, 百濟, 新羅, 任那가 함께 사신을 보내고 아울러 貢物을 보내왔다.」

⇒ 高麗, 百濟, 新羅, 任那가 서로 이웃마을처럼 가까이 붙어서 살지

않으면 함께 행동하는 것은 불가능한 일이다. 여기서 언급된 高麗, 百濟, 新羅, 任那 모두 규슈에 있었던 나라들이다.

(3) 欽明 元年(540년) 9月條에 「천황이 여러 신하에게 "얼마의 군사가 있으면 新羅를 토벌할 수 있는가?"라고 물었다. "옛날 繼體 천황 6년(512년)에 百濟가 사자를 보내 任那의 상치리(上哆唎), 하치리(下哆唎), 사타(裟陀), 모루(牟婁)의 4縣을 달라고 奏請하여 주었습니다. 이로 인해 신라의 원망이 다년간 깊어 갔으니 쉽게 칠 수 없습니다."라고 하였다.」

⇒ 上哆唎, 下哆唎, 사타(裟陀), 모루(牟婁)의 4縣은 규슈의 有明海 인근의 지명들이다. (김문배·김인배, 『新任那論』 P 556~557)

① 上哆唎(상치리):「雄略紀」21년(477년)조의 分註에 "久麻那利는 任那國의 下哆呼唎縣의 別邑이다."라고 한 구절이 나오는 것으로 보아 呼의 개입 여부와 관계없이 上·下哆呼唎와 上·下哆唎는 같은 지명으로 보인다. 또 「欽明紀」 元年(540년) 9월조에도 繼體 6년(512년)의 이 기사를 그대로 인용하는 대목이 나오는데, 이는 규슈 有明海의 千束藏藏島의 上大戶ノ 岬에 비정된다. 이 千束藏藏島의 위치는 규슈의 구다라가 위치한 현재의 다마나(玉名)시를 중심으로 하여 그 일대에서 바다쪽으로 약간 아래쪽에 건너다보이는 大矢野島와 宇土 반도 사이에 끼인 一島嶼이다.

② 下哆唎(하치리): 이 지명은 上哆唎에 대응되는 이름으로, 이 역시

有明海의 천초상도에 있는 下大戸ノ 岬에 비정되며, 그 이름에 걸맞게 上大戸ノ 岬이 있는 千束藏藏島의 바로 아래쪽에 위치하고 있다.

③ 裟陀(사타): 이 지명은 天草下島(天草上島의 서편에 거의 나란히 붙어 있는 더 큰 섬)의 早田에 비정된다. 裟陀는 일본음으로 「サタ」인데, 어음상 早田(ソウタ)와 유사하다. 즉 tsao−ta＞sao−ta＞sou−ta＞sa−ta로의 變轉을 유추해 볼 수 있다.(현재는 早田을 訓讀하여 はやた(하야타)로 통용하고 있다.)

④ 牟婁(모루): 이 지명도 역시 같은 天草下島의 早田(裟陀)의 남쪽에 있는 村迫(무라하꾸)에 비정된다. 흠명 원년에는 이 牟婁가 牟羅로 표기되어 있어, 이의 일본식 읽기인 ムラ(무라)와는 동음어 표기인 村(ムラ)으로 改名했을 가능성을 배제할 수 없다고 본다. 迫(하꾸)는 谷(다니)과 같은 뜻으로, 즉 狹谷이다.

(4) 欽明 23年(562년) 正月條에 「新羅가 임나관가를 공격하여 멸망시켰다. 어떤 책에서는 21년에 임나가 멸망하였다고 한다. 통틀어 말하면 임나이고, 개별적으로 말하면 가라국(加羅國), 안라국(安羅國), 사이기국(斯二岐國), 다라국(多羅國), 졸마국(卒麻國), 고차국(古嵯國), 자타국(子他國), 산반하국(散半下國), 걸손국(乞湌國), 임례국(稔禮國) 등 모두 열 나라이다.」

⇒ 가라국(加羅國), 안라국(安羅國), 사이기국(斯二岐國), 다라국(多羅國), 졸마국(卒麻國), 고차국(古嵯國), 자타국(子他國), 산반하국(散半下國), 걸손국(乞湌國), 임례국(稔禮國) 10개 나라들 각각의 위치 비정. (任那 十國의 규슈 비정, 김문배·김인배,『新任那論』P 633~638)

① 가라국(加羅國): 규슈 내 동북방으로 豊國의 異稱이다.

② 안라국(安羅國): 현재 雄本縣 內田川의 상류 '穴川'이다.

③ 사이기국(斯二岐國): 이 지명은 '시니키(-노-구니)'로 읽고 있으나 본래 한국어 음으로 'Saiki(サイキ)'이다. 현재 오이타현(大分縣)의 붕고수도(豊後水道)와 면한 左佰(좌백, サイキ · サヘキ)灣 沿岸 일대에 비정된다.

④ 다라국(多羅國): 肥前(佐賀縣)의 藤津郡 '多良(タラ)村'에 비정된다. 이 일대에는 東彼杵, 北高來, 藤津의 3郡에 分屬한 '多良岳(古名, 託羅(タラ)之峰)'이 솟아 있는데, 이 산의 東麓에 '多良' 및 '太良'의 지명이 현존한다.

⑤ 졸마국(卒麻國): 同「欽明紀」5년(544년) 11월조에 보면 '率麻'로 나온다. 그러나 '卒'과 '率'은 표기만 약간 달라졌을 뿐이다. 일본음으로는 둘 다 'ソツ' 혹은 'ソッ'으로 동일 발음이므로 별문제 될 것이 없다. 따라서 이 '卒麻' 혹은 '率麻'는 일본어식 借音에 의한

소찌마/소쯔마(ソチマ·sotsima/ソツマ·sotsma)의 표기로 보이는데, 이것은 한국어의 '잣(城)'系 지명에서 유래한 'サシ[sasi]' 또는 'サス[sasu]'와 그 異形態인 'ソス[sosu]'의 뜻으로 풀이된다. 결국 '卒麻(率麻: ソツマ)'는 일본어에서도 '城'(잣: サシ) 系 지명인 'サッシマ (삿시마) → サシマ(사시마)'의 轉音으로 보아 무방하다. 따라서 이 지명은 현재 오이타현(大分縣)에 있는 '城島(サシーシマ → サシマ) 高原(別府市의 서방에 위치)'에 비정된다.

⑥ 고차국(古嵯國): '古嵯'는 일본음 'コサ[kosa]' 또는 'コス[kosu]'의 표기로서 '首長'을 뜻하는 '渠帥[kəsu]' 系 지명으로 보인다. 「欽明紀」 5년(544년) 11월조에는 이것이 '久嵯(クサ)'로 표기되어 나오는 것으로 보아 이를 뒷받침해 준다. 따라서 이 '渠帥[kəsu]'라는 낱말의 異形態에는 'コス[kosu]', 'コサ[kosa]', 'クサ[kusa]', 'コシ[kosi/ kəsi]', 'カシ[kasi]' 등과 같이 다양한 변화를 보인다. 그 까닭은 首長=渠帥=大人을 의미하던 고대 한국어의 '지'의 轉音으로 '긔/ 기/치'가 함께 같은 뜻으로 사용되어 여기에 '巨大/尨大'의 뜻인 '크' 혹은 '큰'과 합쳐 '크치/큰지/…' 등의 새로운 말들이 다양하게 분파되었던 현상 때문이기도 하다. 그런데 이 '크치/큰지'에 대한 일본음의 한계 때문에 이를 정확하게 표기할 방도가 없다. 그런 점에서 역설적이게도 다양한 유사음에 의한 갖가지 표기들이 발생할 수 있다는 것이 고려된다면 이 지명은 현재 오이타현(大分縣)의 '玖珠(구주, キュウシュ)'에 비정될 수 있다.

⑦ 자타국(子他國): 이 '子他'는 일본음으로 'シタ[sita]'인데 '子'의 訓이 '씨/삐(種/子: [psi/ssi])'인 점은 한국 古語의 경우 그대로이다. 따라서 이 'シタ(子他)'라는 지명은 현재 후쿠오카현 嘉穗郡 '糸田(シタ)'에 비정된다.

⑧ 산반하국(散半下國): 이 지명에 대하여 언어학자 李炳銑은 다음과 같이 설명한 바 있기에 요약해서 인용한다.

> '散半下'는 借音에 의한 'sa-bara-ka', 또는 'sara-bara-ka'의 표기로 보인다. '散'은 현재 일본음이 [san]이고 '半'은 [han(<ban)]이다. '散'의 한국음은 [san]이고, '半'은 [pan]이다. 그리고 '下'의 일본음이 [ka]이다. (中略) 散[san], 半[ban]의 韻尾 [-n]이 둘 다 外破하여 語形 表記에 참여한 것이면 sana-bana(→sara-bara)가 되고, '半'의 [-n]만이 표기에 참여하면 sa-bana(→ sa-bara)의 표기가 될 것이다. (中略) 이 [sara-bara] 또는 [sa-bara]는 慶州의 古名 徐羅伐[sǝra-bǝrǝ: sara-bǝrǝ]와 같은 어형, 그리고 이 [sara-bǝrǝ]의 제2음절이 탈락한 徐伐[sǝ-bǝrǝ]이나 尙州의 古名 '沙伐', 또 夫餘의 '所夫里'와 同系의 지명이다. 對馬島에서도 이런 지명을 볼 수 있다. 즉 豆酘의 [sora-baru(新羅伐)], 阿禮의 [soro-baru(園原)], 曾의 [so-hara(桑園)], 鷄知의 [se-baru(瀨原)] 등은 이와 同系 지명이다. 그리고 [-ka(下)]는 그 아래에 첨가한 지명 접미사의 표기로 생각된다. (이병선, 「任那國과 對馬島」 P 253~256)

이와 같이 설명한 李炳銑은 결론으로서 이 '散半下'를 對馬島 소재 曾의 桑原[so-hara]에 비정하였는데, 이 so-hara(桑原)는 sara-bara〉sa-bara〉sa-hara〉so-hara로 變異한 것이라 하였다. 그러나 같은 지명인 桑原[so-hara]가 對馬島에만 있는 것이 아니라 규슈의 미야자키현(宮崎縣)에도 있다. 필자(김문배/김인배)는 지금까지의 정황으로 보더라도 이곳 '桑原山' 일대에 비정하는 것이 타당하다고 생각한다. 그리고 이 桑原山의 남쪽으로 祝子川이 흐르는 桑平에서 노베오카(延岡)에 걸친 지역이 여기에 해당한다고 보는 것이다. 그리고 '散半下(サンハンケ・サンハンカ)'의 '下'는 문자 그대로 桑原의 아래쪽(下), 또는 그 지명을 가진 산 밑(桑原山下)을 의미했던 것으로 해석한다.

① 걸손국(乞飧國): 현행 일본음으로 '고찌산-노-쿠니'라고 읽는 이 지명 역시 首長을 뜻하는 이른바 '渠帥系 지명'으로 보인다. 그 까닭은 '乞'의 일본어 音讀이 'コッ[ko-tsu]'이고, 또 이 'コッ[ko-tsu]'는 渠帥系의 지명인 kəsu/kosu/kusu… 등에 가깝기 때문으로 풀이된다. 그리고 '飧'의 일본음 'ソン[son]'은 어원적으로 '村[son]'과 동일음으로 이의 轉寫로 보인다. 따라서 이 乞飧[ko-tsu-son]은 현재 오이타현(大分縣)의 久住[kuysiu-son]에 비정된다.

② 임례국(稔禮國): 일본음으로 'ニムレ'라고 읽는 이 '稔禮'의 한국식 讀音은 [임례(im-rye)]이다. 그런데 여기서 '稔[im]'을 일본음으로 [ニム(nim→nimu)]라고 읽은 것은 이른 시기의 백제식 表音에 따른 것이다. 이 지명은 「應神紀」에 百濟의 '東韓之地'라고 일컫던 3

성(甘羅城, 高難城, 爾林城)의 하나인 '爾林(ニリム)'로서 현재 구마모토현 菊池川의 한 지류인 和仁川 상류에 위치한 '板南'에 비정된다.

◆ 『환단고기』 「고구려 본기」 중에도 다라국(多羅國)과 안라국(安羅國)이 나온다.

> … 聯政以治, 三國在海, 七國在陸, 初弁辰狗邪國人先在團聚, 是爲狗邪韓國.
>
> 多婆羅一稱多羅韓國, 自忽本而來與高句麗早已定親, 故常爲烈帝所制,
>
> 多羅國與安羅國同隣而同性, 舊有雄襲城, 今九州雄本城是也.

⇒ 임나 10국 중 3국은 바다에, 7국은 뭍에 있었다고 명시되어 있을 뿐 아니라 狗邪韓國, 다라국(多羅國), 안라국(安羅國)이 모두 규슈에 있었다고 얘기하고 있다.

(5)

① 敏達 5년(575년) 4月條에 吉土金子를 신라, 吉土木蓮子를 임나, 吉土譯語彦을 백제에 사신으로 각각 보냄.」

② 推古 8년(600년) 2月條에 新羅와 任那가 서로 공격하였다. 천황은 任那를 도우려고 하였다.」

③ 推古 9년(601년) 3月條에 大伴連囓于를 高麗에 보내고, 坂本臣糠手를 百濟에 보내어 '속히 任那를 도우라'고 하였다.

④ 舒明 10년(638년) 10月條에 '백제, 신라, 임나'가 함께 조공함.

⇒ 한반도의 금관가야는 532년 멸망했으며, 마지막으로 대가야가 562년에 멸망하였다. 575년이면 가야제국(加耶諸國)은 한반도에서 그 흔적마저 소멸돼 버린 상태인데 상기 임나는 한반도의 가야가 아니다. 상기 기록은 상기의 백제, 신라, 임나는 모두 규슈에 있었던 백제, 신라, 가야의 분국들이었음을 증명하고 있다.

(6) 『일본서기』에서 신공 황후가 신라, 고구려, 백제를 정복했다는 기록들이다.

仲哀 8년(199년)의 기록에 의하면 신공 황후가 신들린 상태에서 고금신라국(栲衾新羅國: 다쿠부스마 시라키 구니)을 토벌할 것을 주장하는 대목이 나온다.

"비유하면 처녀의 눈썹과 같고, 나루터를 향한 나라가 있습니다. 눈부신 금과 은, 비단이 많이 그 나라에 있습니다. 이를 고금신라국(栲衾新羅國)이라 합니다."

신공 황후가 정복한 栲衾新羅國은 어디에 있었던 나라인가? 이름 속에 新羅가 있다고 해서 한반도에 있었던 新羅인가?

김인배, 김문배 두 저자가 저서 『任那新論』에서 다음과 같이 밝혀주고 있다.

다쿠부스마는 무슨 뜻이 있는가? 한국어식 해석으로 '(눈)닦구 (이불) 벗으마'의 뜻이다. 따라서 '다쿠부스마 시라키'는 '잠 깨는 신라', 또는 '開明하는 신라'가 된다.

『일본서기』9권 신공 황후편에 항복한 新羅 왕의 얘기가 나온다. "아리나레하(阿利那禮河)가 역류하고 강의 돌이 하늘에 올라가 별이 되는 일이 없는 한, 춘추로 말빗과 말채찍을 바치고, 해마다 남녀의 조(調)를 바치겠습니다."라고 했다.

아리나레하(阿利那禮河)는 고유 명사가 아니고 '아래 – 나루 – 물'의 의미이다. 저자는 아리나레하(阿利那禮河)를 규슈에 있는 '아리 – 아케 – 우미(有明海)'로 비정하고 있다. 아리 – 아케 – 우미는 어원적으로 '開明한 항구가 있는 아래쪽 바다'라고 보아도 무리가 없다. 또한 고금신라국이 있던 곳을 多久로 비정하고 있고, 神功 46년조에 처음 나오는 卓淳은 이것의 異表記로 보고 있다.(『任那新論』 P 260~274)

고구려 광개토 대왕비의
바른 해석

광개토 대왕비는 고구려의 제19대 광개토 대왕(재위 391~413)의 업적을 기리고자 그의 아들 장수왕이 414년 고구려의 옛 수도였던 집안(集安)시에 세운 거대한 비석이다. 화강암 대리석 위에 세운 비는 높이 6.39m, 무게는 37톤에 달한다. 한 면이 1.35~2m에 달하는 사면체 응회각력암에 총 44행 1,775개의 글자가 새겨져 있다. 글자 하나하나가 어른 주먹만 하다.

광개토 대왕릉비 (출처: 국립중앙박물관)

17세기 이후 청(淸)나라에서 이 지역을 만주족의 발상지로 간주하여 거주 금지 조치를 실시해 오랫동안 인적이 없는 상태로 두었다. 봉금 제도가 해제되고 회인현(懷仁縣)이라는 지명으로 부르게 된 1880년을 전후하여 거대한 비가 있다는 것이 알려지게 되었다.

1883년에 만주 지역에서 정보 수집 활동을 하던 일본군의 한 포병 장교가 발견,

일본 천황 가문은 백제 왕가의 혈통인가

그 탁본을 떠서 일본으로 가져갔다. 해독한 일본인들은 일본에 유리한 해석을 내놓았다. 왜가 신라, 백제를 공격하여 신민으로 삼았다는 글이 비문에 나와 있다는 것이다. 이후 이에 대한 일본 학자들의 논문들이 쏟아지기 시작했는데, 그 대부분이 광개토 대왕비의 「辛卯年記事」를 『일본서기』의 진구우 황후(神功皇后)가 4세기 후반에 현해탄을 건너와 한반도 남부 지역을 정벌했다는 전설적 내용과 관련지어 임나일본부설을 주장하는 내용들이었다.

비문에서 가장 문제가 되는 구절은

「…百殘新羅舊是屬民由來朝貢而倭以辛卯年來渡海破百殘□□新羅以爲臣民 以六年丙申王躬率水軍討伐殘國民」이다.

비문의 탁본 (출처: 네이버 카페 〈활기 풍수지리연구원〉)

비문을 해석하면, '백잔(百殘)과 신라(新羅)는 예부터 속민이어서 계속 조공(朝貢)을 보내왔다. 왜(倭)가 신묘년(辛卯年)에 바다를 건너와 백잔과 □□, 신라를 깨부수어 신민으로 삼았다. 6년 병신(丙申, 396)년에 (광개토대)왕이 직접 수군(水軍)을 이끌고 패잔국민들을 토벌했다.'고 풀이할 수 있다. 일본인들은 □□에 任那(임나)를 넣어 倭가 辛卯年에 바다를 건너와 백잔과 임나, 신라를 깨부수고 (왜의) 신민으로 삼았다고 해석하는 것이다. 한국의 어떤 역사책에도 그런 기록이 없다. 이들은 줄곧 任那는 한국 남부의 伽耶 또는 加羅라고 주장했다. 여기서 백잔은 고구려가 백제를 낮추어 불렀던 이름이고 '속민(屬民)'은 '형제 국가'를, '신민(臣民)'은 '신하 국가'를 뜻한다. 백제와 신라가 고구려의 형제 국가인 것은 맞지만, 고구려에 조공을 보낸 적은 없다. 더구나 백제, 신라, 가야 어느 나라도 왜의 신하 국가가 된 적이 없었다.

한국의 대표적인 역사책 삼국사기에는 임나(任那)라는 말이 딱 한 번 나온다. 대마도를 가리켜 임나라고 했고 고구려의 땅이라고 했다. 4세기에는 일본이라는 국명이 아예 존재하지도 않던 시기였다. 비석이 너무 오래되어 글자의 훼손 부분이 많아 일찍 탁본을 해놓은 것으로만 해석들을 해 왔는데, 지금까지 가장 오래된 것으로 알려졌던 1887년 탁본보다 11년이나 앞서 1876년에 만든 탁본이 다시 발견되었다고 한다. 새로 발견된 탁본에서는 위의 □□ 부분이 隨破일 것으로 추정된다고 한다. □□에 隨破를 넣어 해석하면 '왜(倭)가 신묘년(辛卯年)에 바다를 건너와 백잔을 격파하고, 이어서 신라를 격파해서 신민으로 삼았는데 광개토왕이 손수 수군을 이끌고 가서 이들을 토벌했다.'라고 해석된다.

일본 천황 가문은 백제 왕가의 혈통인가

그러나 이 비문에서 나오는 백잔과 신라는 한반도에 있었던 백제나 신라가 아니었다. 비문 속의 백잔과 신라는 일본 규슈에 있던 백제의 분국과 신라의 분국이었다. 백잔과 신라는 한반도 남쪽 사람들이 규슈로 건너가서 세운 작은 나라들이었고 倭는 기나이(畿內: 倭의 수도 인근 지역)에 있던 야마토 조정이었다.

바다를 건넜다는 것은 현해탄을 건넌 것이 아니고, 규슈에 있던 백제와 신라의 분국을 치기 위해 세도나이카이(瀨戶內海)*를 건넜다는 것이다. 세도나이카이는 일본 열도의 본섬과 시코쿠섬 사이의 긴 내해(內海)로 호수같이 조용한 바다다.

한국의 오랜 역사책에 의하면 396년에 광개토 대왕이 이끄는 고구려(高句麗) 수군이 직접 일본 열도에 있는 백제의 잔당국인 규슈의 백잔(구다라)과 신라의 분국을 침공하여 모두 고구려에 귀속시켰다는 기록이 있다. 이때 고구려는 바다와 육지의 여러 왜(倭)를 모두 열 나라로 나누

* 세도나이카이(瀨戶內海): 일본의 혼슈와 시코쿠(四国)섬 사이에 있는 긴 내해. 혼슈(본섬)의 나라나 교토에서 규슈로 오기 위해서는 이 바다를 건너와야 한다.

어 다스리게 하면서 임나(任那)의 통제하에 두었다고 한다. 이를 연정(聯政)이라 불렀다고 하는데, 한국의 고대 역사서 『환단고기』(桓檀古記)에 그 기록이 있다.

『환단고기』「태백일사(太白逸史)」 제6 고구려국 본기의 '왜와 고구려의 관계'(~AD 400~) 기록이다.

> 「任那者本在對馬島西北界 北阻海有治曰國尾城 東西各有墟落 或貢或叛
> 後對馬二島遂爲任那所制 故自是任那乃對馬全稱也 自古仇州大馬乃三韓分治之地也 本非倭人世居地 任那又分爲三加羅 所謂加羅者首邑之稱也 自是三汗相爭歲久不解 左護加羅屬新羅 仁位加羅屬高句麗 雞知加羅屬百濟是也 永樂十年三加羅盡歸我 自是海陸諸倭悉統於任那 分治十國號爲聯政 然直轄於高句麗 非烈帝所命 不得自專也」

> 「임나는 본래 대마도의 서북 경계에 위치하여 북쪽은 바다에 막혀 있으며 다스리는 곳을 국미성(國尾城)이라 했다. 동쪽과 서쪽 각 언덕에 마을이 있어 혹은 조공을 바치고 혹은 배반하였다. 뒤에 대마도 두 섬이 임나의 통제를 받게 되어 이때부터 임나는 대마도 전체를 가리키는 이름이 되었다. 옛날부터 규슈(仇州)와 대마도(對馬島)는 삼한이 나누어 다스린 땅으로, 본래 왜인이 대대로 살던 곳이 아니다. 임나가 또 나뉘어 삼가라가 되었는데, 이른바 '가라'라는 것은 중

심이 되는 읍(首邑)을 부르는 이름이다. 이때부터 삼한(三汗, 삼가라의 왕)이 서로 다투어 오랜 세월이 지나도록 화해하지 못하였다. 좌호가라(左護加羅)가 신라에 속하고, 인위가라(仁位加羅)가 고구려에 속하고, 계지가라(雞知加羅)가 백제에 속한 것은 이 때문이다. 영락(永樂, 광개토열제) 10년(400)에 삼 가라가 모두 고구려에 귀속되었다. 이때부터 바다와 육지의 여러 왜(倭)를 모두 임나에서 통제하여 열 나라로 나누어 다스리면서 연정(聯政)이라 했다. 그러나 고구려에서 직접 관할하여 열제의 명령 없이 마음대로 하지는 못했다.」

지금도 대마도를 방문하면 좌호(左護), 인위(仁位), 계지(雞知)라는 지명이 그대로 사용되고 있다. 학교, 우체국, 지도, 버스 표지판의 이름 등에서 지금도 쉽게 찾아볼 수 있다. 이 지명들은 1,500년 이상 내려온 고대 이름들이다. 여기서 '海陸諸倭'라 하여 任那 연방 10국이 규슈까지 포함되었음을 얘기하고 있다.

『환단고기』 고구려국 본기 속에서는 연방 10국의 위치에 대해서도 얘기하고 있다.

「光開土境好太王隆功盛德卓越百王, 四海之內咸稱烈帝, 年十八登極于光明殿 … 一自渡海, 所至擊破倭人, 倭人百濟之介也, 百濟先興倭密通, 使之聯侵新羅之境, 帝躬率水軍 … 皆平腹, 任那伊倭之屬, 莫不稱臣, 海東之盛於斯爲最矣. … 後倂于任那, 聯政以治, 三國在海, 七國在陸, 初弁辰狗邪國人先在團聚, 是爲狗邪韓國. 多婆羅一稱多羅韓國, 自忽本而來與高句麗早已定親, 故常爲烈帝所制, 多羅國與安羅國同隣而同性, 舊有雄襲城, 今九州雄本城是也.」

「광개토경호태왕은 융공 성덕하여 여러 왕보다 탁월했다. 사해 안에서는 모두 열제라 부른다. 나이 18세에 광명전에서 등극하고 … 일단 스스로 바다를 건너서는 왜인들을 격파하였다. 왜인은 백제의 보좌였다. 백제가 먼저 왜와 밀통하여 왜로 하여금 시라기(新羅)의 경계를 계속 침범케 하였다. 호태왕은 몸소 수군을 이끌고 … 모두 평정하여 굴복시켰다. (일본 열도의) 任那와 伊國(伊勢라고도 함)과 왜국의 무리들은 신하로써 칭하지 않는 자가 없었다. 해동의 번성함은 이때가 최성기였다. … 뒤에(多婆羅國: 일칭 多羅韓國을) 임나에 병합하여 연정을 세워 이를 통치케 하였다. 3국은 바다에 있고 7국은 뭍에 있었다. 처음 변진구사국(구야국)의 사람들이 한 집단으로 모여 산적이 있었는데, 이를 구사한국(구야한국)이라 한다. 다파라를 다라한국이라고도 한다. 忽本으로부터 와서 고구려와 일찍 친교를 갖고 있었으므로 늘 열제의 통제를 받았다. 다라국은 안라국과 함께 이웃하여 성(性)이 같다. 옛날에 雄襲城을 갖고 있었으니 지금 규슈의 雄本城(구마모토城)이 그곳이다.」

임나 10국 중 3국은 바다에, 7국은 뭍에 있었다고 명시되어 있을 뿐 아니라 狗邪韓國, 多羅國, 安羅國이 모두 규슈에 있었다고 얘기하고 있다.

제5부

킨메이 천황(欽明王, 흠명왕)은 백제의 성왕이었다

일본 오사카대학의 고바야시 야스코(小林惠子) 교수는 저서 『두 얼굴의 대왕(二つの顔の大王)(1991)』에서 29대 킨메이(欽明) 천황이 백제의 성왕(聖王, 백제 26대)이라고 밝히고 있다. 고바야시 교수는 황실의 자료 등을 열람하고, 여러 가지 중국과 한국, 그리고 일본 자료들을 널리 검토해 본 결과 『일본 서기』나 『고사기』에 기재되어 있는 일본 열도의 역사가 실은 동아시아 역사의 일환이며 정권 담당자, 즉 천황이 한반도 제국의 왕을 겸임한 경우가 많았다는 점을 강하게 주장한다. 한반도의 경우, 백제 성왕은 540년 고구려의 우산성을 공격하다가 패한 후 곧장 왜국으로 망명하였으며 그때부터 가나사시노미야 궁(金刺宮)에다 새로운 거처를 정하고 왜국의 왕이 되었다고 주장한다. 센카 천황(宣化天皇)이 사망한 연대는 공교롭게도 540년으로 백제 성왕의 우산성 공격 시기와 일치한다. 성왕은 553년 관산성에서 전사한 것이 아니라 그 이전에 일본으로 가서 킨메이 천황이 되었다는 것이다.

성왕은 누구인가? 아버지 무령왕과 함께 성왕은 백제의 대표적인 성군이었다. 지방 통치 조직 및 정치 체제를 개편하여 왕권을 강화하고 대

외적으로는 양나라와의 외교에 공을 들였다. 즉위년인 523년 패수(浿水)에 침입한 고구려군을 기마군 1만 명을 좌장 지충(知忠)에게 맡겨 물리치게 하였고, 그다음 해 양(梁)나라와 친교를 맺어 양 고조(高祖)로부터 '지절도독백제제군사수동장군백제왕(持節都督百濟諸軍事綏東將軍百濟王)'이라는 칭호를 받기도 하였다.

529년 고구려의 침입을 받아 큰 피해를 입은 후 고구려의 침공에 공동 대처하기 위해 신라와도 동맹을 맺었다. 538년 넓은 사비성(泗沘城, 부여)으로 수도를 천도하고 국호를 '남부여(南扶餘)'로 고쳤다. 웅진(熊津, 공주)은 위급한 상황에서 옮겨 왔던 수도라 방어하기는 좋았지만 평지가 좁아 국력 신장에 큰 도움이 되지 못했다.

551년 신라와 함께 고구려가 차지하고 있던 한강(漢江) 유역을 공격하여 점령했다. 한강 유역은 76년간이나 고구려에 빼앗겼던 군(郡)이었다. 553년 한강 유역을 신라가 차지하자 이에 왕자 여창(餘昌: 제27대 위덕왕)과 함께 친히 군사를 동원하여 신라 공격에 나섰다가 대패하고 관산성(管山城)에서 신라의 복병(伏兵)에 의하여 전사했다고 『삼국사기』는 적고 있다. 554년 7월 성왕이 50명의 기마병을 거느리고 한밤중에 신라 구천을 기습하다 부상을 입어 전사했다는 게 삼국사기의 설명이다. 수만 명의 기마병을 거느릴 수 있는 성왕이 겨우 50명의 기마병을 거느리고 신라로 침공했다는 것이 믿어지지 않는다. 성왕이 전사를 가장, 선전해 풍문을 퍼뜨리고는 왜의 왕실로 건너간 것이라 볼 수 있는 것이다.

고바야시 교수는 백제 성왕은 왕이 된 후 한때 아버지가 왕으로 지냈던 왜국으로 자주 갔다 왔다 하다가 539년 왜 왕실의 백제계 센카 왕(宣化王, 536~539)이 서거하자 다음 해 7월 킨메이 천황(540~571)으로 등극했다는 것이다. 그 후 백제와 왜국 두 나라 왕을 겸임하다가 554년 아들 위덕왕(威德王, 554~598)에게 백제를 물려줌과 동시에 전사했다는 풍문을 퍼트리게 하고는 왜국으로 완전히 들어갔다는 것이다. 『삼국사기』에 위덕왕이 왕위 계승 후 3년 동안 기록이 전혀 없는 것도 이를 뒷받침하고 있다고 한다.

『일본서기』 킨메이 천황기에는 백제에서 서거했다는 성왕(聖王)의 활동 이야기가 계속 언급되고 있다. 성왕의 휘(諱)는 명농(明禮)이며 무령왕(武寧王)의 아들이다. 『일본서기』에 성명왕(聖明王)이라고도 기록되어 있다. 킨메이 천황기에는 킨메이 천황의 이야기보다 성왕의 기록이나 백제 관련 기록들이 그 주류를 이루고 있다. 백제를 중심으로 한 한반도의 역사가 기록되어 있는데 『백제본기』를 기반으로 쓰여졌고 그 내용도 대부분 한반도와 관련된 내용밖에 없다. 『백제본기(百濟本記)』가 무려 14회 인용되었고 성왕, 즉 성명왕은 11회나 나타난다. 성왕의 연설문을 길게 인용한 것이 4회에 걸쳐 나타나는데 킨메이 천황이 행한 연설은 하나도 없고 천황이 내렸다는 조칙만 나온다.

천황이 생생한 모습을 보이는 경우는 불교가 전래되는 시기에만 국한되고 나머지 시기는 마치 '그림자 천황'이라고 해야 할 정도로 실체가 보이지 않는다. 마치 성왕과 그의 아들 위덕왕의 생생한 전기를 보는 것같이 성왕과 위덕왕에 대해서는 낱낱이 밝히고 있다.

위덕왕이 출가하여 승려가 되려 한 것도 『삼국사기』에는 없고 『일본서기』에만 나오는 기록이다. 성왕의 기록에는 성왕이 천황의 뜻을 받들어 말을 하는 것처럼 되어있고 킨메이 천황의 실체는 불분명하다. 당시천황이라는 개념이 없었던 시대를 감안한다면 성왕이 천황의 뜻을 받들이유가 없는 것이고 부여계의 서열상으로 봐도 성왕이 킨메이 천황보다높을 가능성이 크므로 킨메이 천황은 성왕일 수밖에 없는 것 같다.

카사이 와진(笠井倭人) 교수의 연구에 의하면 『일본서기』에 성왕 때에는 왜국계 백제 관료들이 대거 왜국으로 파견되었다는 기록이 있는데킨메이 2년 7월(성왕 19년)에 시작하여 킨메이 15년 554년에 끝이 난다.이 과정에서 백제는 모두 20여 건의 외교단을 파견했으며 그 가운데 11건이 왜국계 백제 관료, 또는 왜국 출신 사람들이 포함되었다고 한다.13여 년간 백제에 있던 왜국 출신 관료들을 관례적으로 왜국에 파견했는데 성왕의 서거 시점을 기점으로 갑자기 중단되었다는 것이다. 왜국에 왜국 출신의 관료들을 보내는 것이 관례라면 성왕의 서거 후에도 이일은 지속될 터인데, 13여 년간 지속되어온 일이 성왕 서거로 갑자기 중단될 사안이 아니라고 보고 있다.

코바야시 야스코(小林惠子) 교수의 지적과 같이 성왕이 서거하지 않고 왜국으로 갔다면 더 이상 왜국계 백제 관료가 올 이유는 없다. 성왕은 왜국의 안정을 위해 심복(성왕 직속 친위 세력)들을 지속적으로 파견했을 것이고 본인이 직접 왜국으로 가게 되었을 경우 더 이상 왜국계 백제관료를 파견할 이유가 없었을 것이다.

킨메이 천황 서거 후 30대 비다쓰(敏達, 민달) 천황이 등장한다. 민달은 성왕의 아들이고 백제 위덕왕과는 형제지간이다. 『일본서기』 비다쓰 천황기에서 비다쓰는 킨메이 천황의 둘째 아들이라 얘기하고, 첫째 아들에 대한 기록이 일체 없는 것은 백제 위덕왕이 성왕의 장남이기 때문이다.

일본 천황가를 오랫동안 연구해온 홍윤기 교수는 킨메이 천황이 바로 성왕이라는 점을 누누이 지적해왔다.

다음은 홍윤기 교수의 주장이다.

첫째 킨메이 천황의 즉위년이 532년이고 불교가 일본에 전해진 시기가 538년인데 이때가 반도에서는 성왕의 치세라는 점, 둘째 『신찬성씨록』에 킨메이 천황의 아들인 비다츠 천황이 백제 왕족이라는 근거를 들어 그의 아버지인 킨메이 천황 역시 백제 왕족이라는 점, 셋째 『신찬성씨록』에 비다쓰 천황의 성(姓)이 '진인(眞人)'인데, 이 성은 텐무 천황 13년(686)에 제정된 팔색(八色)의 성 가운데 제1위의 성씨로 황족에게만 주어진 성(姓)이라는 점(결국 백제 왕족=일본 황족), 넷째 야마토 시대 당시 가장 강력한 저항 세력인 동북의 아이누(에조 또는 에미시)의 저항을 진압한 명장들이 대부분 백제 왕족이었다는 점, 다섯째 비다츠 천황의 손자인 조메이(舒明) 천황이 백제 대정궁(大井宮) 백제 대사(大寺)를 건립하는 등 유난히 백제 관련 토목 사업을 많이 했고 백제궁에서 서거한 후 백제대빈(百濟大殯)으로 안장했다는 점, 여섯째 성왕의 존칭인 성명왕(聖明王)과 킨메이(欽明) 천황의 호칭에서 '明' 자를 공유하고 있는 점 등을 들어서 홍윤기 교수는 '킨메이 천황＝성명왕'으로 결론짓고 있으며 당시 나라 지방 왜 왕실 실권자가 백제인 소가노 이나메였기 때문에 성왕이 왜 왕실에서 지배 영역을 확장시키는 데는 아무런 문제가 없었을 것이라고 얘기한다.

소가노 이나메는 왜 조정의 최고 대신으로서 백제를 오가던 성왕을 철저하게 떠받들었으며 두 명의 누이(기타시히메, 오아네노키미)를 모두 성왕의 후궁으로 입궁시켰다.

또 홍윤기 교수는 "556년 1월 혜 왕자가 백제로 귀국할 때 아매신(阿倍臣) 등 조신(朝臣)들이 거느리는 1천여 명의 군사가 호위하여 백제로 돌아가게 했다."는 『일본서기』의 대목도 성왕이 킨메이 천황인 증거 중의 하나라고 한다. 혜 왕자는 위덕왕의 남동생, 즉 성왕의 아들로 555년 사신으로 왜국을 방문했다. 실제 고대 역사에서 호위병 1천여 명은 예사로운 규모가 아니었으며 아버지 성왕이 아들을 보내면서 많은 군사를 보낸 것으로 보는 것이다. 혜 왕자는 후일 백제의 28대 혜왕(惠王, 598~599)으로 등극하였다.

고대 일본 나라 땅에서 역대 왕들이 백제 성왕의 신주를 받들고 왕실 사당에서 제사를 지내며 모셔왔다. 794년 제50대 간무왕(재위 781~806)이 나라 땅에 있던 왕도를 헤이안경(지금의 교토)으로 천도할 때 백제 성왕의 왜 왕실 관할 사당도 새 왕도 헤이안경으로 옮겨졌다. 그곳이 지금 교토시의 히라노 신사(平野神社)이다. 이 사실은 이미 19세기의 저명한 국학자 반노부토모(伴信友, 1773~1846)가 "히라노 신사의 신주는 백제 성왕이다.(『蕃神考』)"라고 규명한 바 있으며 뒤이어 오늘날 수많은 사학자가 인정하는 바다. 일본 왕실 문헌(『연희식』917 왕실 편찬)에도 백제 성왕 신주를 모신 히라노 신사는 일본 왕실이 관장하며 제사 모시는 사당이라고 기록하고 있다.

30대
비다쓰(敏達, 민달) 천황(571~585)

비다쓰(敏達, 민달) 천황은 킨메이 천황의 둘째 아들이고 백제 위덕왕과는 형제지간이다. 572년 등극할 때 백제 마을에 백제대정궁(百濟大井宮)을 건립하고 즉위하였다. 당시 새로운 왕은 스스로 궁을 지어 즉위하는 풍습이 있었는데, 이는 수도를 헤이죠쿄(平城京) 宮으로 옮길 때까지 지속되었다. 천황은 불법(佛法)을 믿지 않고 문사(文史)를 사랑하였으며 불교의 수용과 관련되어 소가씨와 모노노베씨 간에 긴장이 지속된 시대에 통치를 하였다. 물부궁삭수옥 대련을 종전과 같이 대련(大連)으로 삼고 소아마자 숙녜를 대신으로 삼았다.

577년(위덕왕 24년, 비다쓰 천황 6년)에는 백제에서 왜국으로 경론 몇 권, 대대적인 학자와 율사, 선사, 비구니, 주금사 등 승려 집단, 불상 만드는 기술자, 사찰을 지을 목수들이 파견되었다. 이때부터 왜국에서 절과 부처 등을 만들었다. 579년에는 신라가 불상(佛像)을 보냈다. 584년 백제를 통해 미륵상 1구와 미륵석상 1구를 가져왔다. 소아마자가 불상 2구를 얻어 불전(佛殿)을 자택의 동쪽에 세워 미륵석상을 안치시키고, 세 비구니를 청하여 법회를 열었다. 이때 불법의 기초가 만들어졌다.

585년 소아대신이 병이 들어 점쟁이에게 물으니 아버지 대부터 불신에게 제사 지낸 마음 때문이라 했고, 나라에 역병이 유행하여 죽는 자가 많아지자 천황은 불법 금지를 명했다. 물부궁삭수옥 대련은 탑을 자르고 불상과 불전을 태웠다. 여승들의 승복을 빼앗고 가두었으며 매로 때렸다. 이때 천황과 물부대련이 갑자기 두창에 걸렸다. 종기가 나서 앓거나 죽는 사람들이 점점 많아졌다. 사람들은 몰래 서로 '이는 불상을 태운 죄'라고 수군거렸다.

소아대신이 아직 병이 낫지는 않았지만 계속 불법을 섬겨야만 치유될 수 있을 것이라고 천황께 아뢰었더니 천황은 소아마자에게 혼자만 불법을 섬기라고 명령했다. 그리고 세 여승들도 풀려났다. 소아마자가 새로운 정사(精舍)를 지어 세 비구니를 맞이하고 공양하였다. 585년 8월에 비다쓰 천황이 죽고 32대 요메이 천황(킨메이 천황의 아들이며 스이코 천황의 친오빠)이 즉위했다. 비다쓰 천황은 모두 4명의 황후와 16명의 자녀를 두었다. 천황의 황후였다가 나중에 33대 천황이 된 스이코 천황은 킨메이 천황과 소가노 기타시히메의 딸이었다. 즉 천황과 황후는 이복 남매지간이었다.

31대
요우메이(用明, 용명) 천황(재위 585~587)

요메이 천황은 킨메이(欽明) 천황의 넷째 아들이며 소가(蘇我)씨를 외척으로 하는 최초의 천황이다. 쇼토쿠 태자의 아버지이기도 하다. 비다쓰 천황의 죽음(585년)으로 요메이 천황이 즉위할 무렵, 일본은 불교 수용을 놓고 숭불파(崇仏派) 소가노 우마코(蘇我馬子)와 배불파(排仏派) 모노노베노 모리야(物部守屋)가 격렬하게 대립하고 있었다. 천황은 불법을 믿고 신도(神道)를 존숭하였다. 불교를 지지한 최초의 천황이었다. 반여(磐餘)에 궁을 짓고, 이케노베 나미츠키노미야(池邊雙槻宮, 지변쌍규궁)라고 이름하였다. 전과 같이 소가노 우마코를 대신으로 삼고 모노노베노 모리야를 대련으로 삼았다. 천황이 병이 들어 불교에 귀의하려 했을 때 모노노베 대련은 국신을 섬겨야 한다고 극렬히 반대하여 소아마자와 갈등했다. 천황은 자신의 병을 치유하기 위해 절과 불상의 건립을 명하였으나 건립은 보지 못한 채 세상을 뜨고 말았다. 즉위 1년 7개월 만이었다. 스이코 천황과 쇼도쿠 태자가 요우메이 천황의 뜻을 받들어 나중에 세운 절이 호류지(法隆寺)라 한다.

천황이 죽고 나서 황위 계승을 둘러싼 암투가 벌어졌다. 암투의 장

일본 천황 가문은 백제 왕가의 혈통인가

본인은 일본 고대의 신을 숭배하는 '신도(神道)'의 모노노베 모리야와 불교를 숭배하는 소가파의 소가노 우마코였다. 일본의 호족 대부분은 소가파를 응원했다. 불교의 수용 여부를 두고 표면화된 두 가문의 대립은 날이 갈수록 격화되었고 황위 계승권을 둘러싸고 두 일족은 본격적으로 전쟁을 치렀다. 소가씨의 수장인 소가노 우마코는 불교 수용에 적극적이었던 인물로, 같은 관심을 지닌 쇼토쿠 태자와 함께 불교 수용에 반대하는 모노노베노 모리야(物部守屋)와 치열하게 다투었다.

아나호베노미코(穴穗部皇子, 혈수부황자)를 천황으로 내세우려는 모노노베노 모리야의 음모가 사전에 누설되어 먼저 혈수부 황자가 죽임을 당했다. 소아마자 대신은 여러 황자와 군신에게 모노노베노 모리야를 멸할 것을 모의했고 결국 양측 간 전쟁이 벌어졌다. 그러나 군사 씨족이었던 모노노베씨의 정예 군사를 상대로 세 번이나 패했다.

소아대신은 승리하면 절과 탑을 세우겠다고 맹세했다. 사람들은 '소아대신의 처가 물부대련의 누이인데, 대신이 망령되어 처의 계략을 써서 대련을 죽이려 한다'고들 수군거렸다. 이 싸움에서 결국 소가파가 대승을 거두고 모노노베파를 멸망시켰다. 그리고 그들이 내세운 다음 천황은 스슌(崇峻, 숭준) 천황이었다. 기원한 대로 소아대신은 아스카 땅에 법흥사(法興寺)를 세웠다.

32대
스슌(崇峻, 숭준) 천황(587~592)

소가씨는 이 싸움에서 승리하여 조정의 전권을 장악했고, 이후 모노노베씨를 비롯한 일본 전통 신도를 숭앙하는 가문들의 세력이 후퇴하게 되었다. 모노노베 대련이 살해되고 587년 소가씨는 킨메이 천황의 아들이자 요메이 천황의 이복동생인 스슌 천황을 옹립했다. 스슌 천황은 킨메이(欽明)의 열두 번째 아들로 어머니는 소아도목 숙녜의 딸이다.

588년 백제는 왜 나라에 사신과 승려 혜총 등을 파견하면서 불사리(佛舍利)를 보냈다. 이 외에도 절을 짓는 기술자, 탑의 상층부를 만드는 기술자, 기와를 만드는 장인, 그림 그리는 화공 등을 보냈다. 그러나 스슌 천황은 즉위하자마자 심각한 문제에 직면했다. 천황가에서 천황을 계속 배출하는 것은 신도 사상을 그 사상적 근거로 삼고 있는데 스슌 왕조 자체가 이 신도 사상을 배척하고 불교를 숭상하는 무리에 의해 세워진 왕조라고 생각했다. 정치 실권을 가진 소가노 우마코(蘇我馬子)에 불만을 품은 스슌 천황은 마침내 우마코와 대립하게 되었고 결국 배불 정책을 펴나가기 시작했다.

소가씨 일족의 절대 권력에 반감을 느끼고 왕권을 강화하려 했다.

그러나 그것은 그를 천황의 자리에 올려놓은 소가씨 일파에게는 배반 행위나 다름없는 일이었다. 스슌 5년(592) 10월 천황이 잡아 온 멧돼지를 가리키며 "이 멧돼지의 목을 자르는 것처럼 언젠가 짐이 싫어하는 사람을 자를 것이다."라고 말했다는 것을 전해 듣고 우마코는 크게 놀랐으며 천황이 자기를 싫어하는 것을 느끼고 두려워하게 되었다.

천황이 평상시와 달리 많은 무기를 준비하는 것을 보고는 무리를 불러 천황을 죽여야 한다고 생각했다. 11월 3일 蘇我馬子는 오늘은 황족의 사유민들이 천황에게 물품을 바치는 행사를 가진다고 신하들에게 거짓으로 얘기하고는 자객을 시켜 천황을 살해했다. 다음 해인 593년 킨메이 천황과 소가노 이나메 사이에서 태어난 스이코를 천황으로 옹립했다.

33대
스이코(推古, 추고) 천황(재위 593~628)

스이코 천황은 킨메이(欽明) 천황의 둘째 황녀로 요메이(用明) 천황의 여동생이며 소아도목(蘇我稻目)의 딸이다. 일본식 시호는 도요미케카시키야히메노미코토(豊御食炊屋姬尊, 풍어식취옥희존)이고, 가시키야히메노미코토(炊屋姬尊)라고도 불린다. 어릴 때에는 누카타메노히메미코(額田部皇女, 액전부황녀)라고 불렸다.

용모가 단정하고 아름다웠으며 행동에는 규범이 있었다. 제30대 비다쓰(敏達) 천황의 황후였다가 천황이 된 일본 역사상 최초의 여왕이다. 18세 때 왕비, 23세 때 황후가 되고 32세 때 사별했으나 39세 때 천황으로 즉위했다. 요메이 천황의 둘째 아들인 쇼토쿠(聖德, 성덕) 태자를 황태자로 삼아 일체의 정무를 집정하게 하고 국정을 모두 위임하였다. 천황 호칭을 최초로 사용한 일본 군주로 보는 설도 있지만, 1998년 아스카 연못 공방 유적(飛鳥池工房遺跡)에서 천황의 문자를 기록한 목간이 발견된 이후에는 덴무 천황(天武天皇, 제40대 천황, 재위 673년~686년)이 최초로 천황 호칭을 사용하였다는 설이 유력하게 되었다.

스슌 천황이 소가노 우마코의 전횡에 불만을 느끼자 우마코는 심복

야마토노아야노 아타이코마(東漢直駒)를 시켜 스슌 천황을 암살(592년)하였다. 그러자 모든 이가 소가씨의 세력을 두려워하게 되었고 아무도 황위를 계승하려 하지 않았다. 야마토 조정(朝廷) 시대에는 즉위에 적당한 남성이 없으면 임시로 황후가 정치에 나설 수가 있었다. 이러한 전통에 따라 대신들은 비다쓰 천황의 황후, 도요미케카시키야히메노미코토(豊御食炊屋姬尊)를 즉위시키기로 추천했다. 그녀가 추천된 중요한 원인은 그녀의 어머니(소가노 키타시히메)가 소가노 우마코의 배다른 여동생이기 때문이었다.

스이코 11년(603) 처음으로 관위(冠位)가 시행되었다. 유교 사상의 최고 덕목인 인(仁), 의(義), 예(禮), 지(知), 신(信), 덕(德)을 각각 대소 12계(階)로 나누어 대덕(大德), 소덕(小德), 대인(大仁), 소인(小仁), 대례(代禮), 소례(小禮), 대신(大信), 소신(小信), 대의(大義), 소의(小義), 대지(大智), 소지(小智)로 정하고, 해당하는 색깔의 깁(絹)으로 관을 만들어 다음 해 모든 신하에게 관위를 하사했다. 성씨제(氏姓制)와는 달리 재능을 기준으로 인재를 등용함으로써 천황의 중앙 집권을 강화하려는 목적이었다.

쇼토쿠(聖德, 성덕) 태자

아스카 문화의 중심인물로서 스이코 천황의 섭정(攝政)을 맡아 소가노 우마코(蘇我馬子)와 협력하여 정치를 행했다. 이로써 아스카 시대(飛鳥時代)의 막이 오르게 되는데 아스카 시대란 일본의 유력 씨족인 소가씨가 권력을 장악한 593년(또는 587년)에서 645년 사이의 기간을 가리킨다. 아스카(지금의 나라현 다카이치군)에 궁전이 있었다고 해서 붙여진 명칭이다.

스이코 천황은 최초의 여성 천황으로 권력 다툼이 한창인 와중에 소가씨의 후원을 업고 즉위했다. 당시의 국제적인 긴장 속에서 수나라에 사자를 파견하는 등(견수사) 중국의 선진 문물제도를 수입하고 12계(十二階)의 관위와 17개조 헌법을 제정하는 등 현 일본의 정치 체제를 확립한 인물이었다.

쇼토쿠 태자는 요메이 천황과 아나호베 하시히토 황후의 제2황자로 태어났다. 본명은 우마야도이며, 쇼토쿠는 607년 호류지가 건립된 후 받은 시호이다. 어머니 하시히토 황후는 당시 야마토 조정에 막강한 영향력을 행사하던 소가노 우마코(蘇我馬子)의 조카이다. 왜국 최초의 절

법흥사(法興寺:593년 창건)에서 고구려승 혜자(惠慈)와 백제승 혜총(惠聰)으로부터 불교를 배웠다. 그는 《법화경》, 《승만경》, 《유마경》에 대한 주석서인 《삼경의소(三經義疏)》라는 저술을 남길 정도로 불교에 조예가 깊었다. 598년 고구려의 기술자들을 초청하여 호류지 건립에 착수했으며, 610년에는 고구려의 승려인 담징으로부터 불교뿐만 아니라 유교와 물감, 종이, 먹 제조 기술 등을 전해 받았다.

538년 불교가 전래되어 공인되긴 하였으나 토착 종교인 신도(神道)가 성행하였고, 유교도 도입되어 생활 규범으로 자리 잡아 가고 있었다. 특히 성덕 태자 시절의 조정은 배불파와 숭불파가 대립하고 있었다. 두 파 간에 투쟁이 벌어졌을 때 숭불파인 소가씨를 지원하여 승리함으로써 불교 국가로 자리 잡는데 절대적인 공헌을 하였다. 그러나 쇼토쿠 태자는 단순히 불교를 원형 그대로 들여온 것이 아니라 토착 종교인 신도와 유교의 좋은 점을 모아 재탄생시켰다. 외래의 좋은 점을 자국 문화와 융합하는 일본인의 신불유습합(神佛儒習合) 사상은 쇼토쿠 태자 때부터 시작되었다고 할 수 있다.

603년 쇼토쿠 태자는 백제의 관위제를 일본식으로 수용한 관위 12계를 세웠다. 관위 제도는 관위 명을 정하고, 보라, 파랑, 빨강, 노랑, 흰색, 검정색의 관으로 위계를 표시한다. 가문이나 문벌에 관계없이 능력 있는 사람을 등용하는 인재 등용책으로, 호족 세력을 견제하고 중앙 정부의 힘을 강화시키기 위한 것이었다.

불교를 포교하기 위하여 사재를 털어 법륭사(法隆寺)를 지었고, 604

년에 직접 17조 헌법을 만들어 삼보를 공경할 것을 명하고 선악의 도리로 불교를 채택하였다. 17개조 헌법이라 불리는 이 법은 왜국 최초의 법으로, 호족들에게 신하로서의 마음가짐을 가르치고 천황을 받들어 불법을 공경할 것을 강조하고 있다. 606년 《승만경》과 《묘법연화경》을 강의하여 천황으로부터 파마국의 수전(水田) 100정을 희사받기도 하였다. 이를 반구사에 헌납하였다는 기록이 『일본서기』에 전해진다.

620년 소가대신과 함께 천황의 계보와 치적 등을 기록한 『천황기』 및 나라의 역사를 기록한 『국기』 등을 기록하게 했다. 621년 황태자가 사망하자 제왕, 제신과 천하의 모든 백성이 슬퍼했다고 한다. 일본 지폐 역사에서 도안 인물로 '공식적으로' 가장 많이 채택되었던 인물이다. 추고 5년(597) 백제가 왕자 아좌 태자를 왜국에 파견했는데 아좌 태자가 성덕 태자의 초상화를 그렸다고 알려지고 있다.

34대
조메이(舒明, 서명) 천황(재위 629~641)

비다쓰(敏達) 천황의 손자로 천황에 오르기 전의 이름은 다무라 황자(田村皇子)였다. 어머니 누카테히메와 아버지 오시사카노히코히토는 남매 사이였다. 그의 고모할머니이자 선황인 스이코(推古) 천황은 죽기 전까지 후계자를 결정하지 못해 그녀의 사후에 다무라 지지파와 쇼토쿠 태자의 아들 야마시로노오에 지지파가 대립하였다. 황태자였던 쇼토쿠 태자의 사망 후 스이코 천황은 황태자를 다시 정하지 않았다. 소가씨족의 족장인 소가노에미시가 다무라 황자를 후계자로 삼는 것이 스이코 천황의 유언이었다고 주장, 지지함으로써 다무라 황자가 즉위했다. 그의 치세 기간 중 견당사가 파견되었고, 정치적 실권은 소가노에미시에게 있었다.

630년 보황녀(寶皇女)를 황후로 삼았고 황후는 2남 1녀를 낳았다. 첫째가 갈성황자(葛城皇子＝나중의 天智天皇), 둘째가 간인황녀(間人皇女＝나중의 효덕천황 황후), 셋째가 대해황자(大海皇子＝나중의 天武 천황)였다. 백제는 조메이 천황의 시기에 의자왕의 왕자 풍장(豊章)을 왜국에 파견했다. 『일본서기』에는 조메이(舒明) 3년(631) 3월로 나오는데, 당시는 의자의 아버지, 무왕(武王)의 집권 시기라 왕손(王孫)이 파견된 것으로 보인다.

그의 치세는 13년간 지속되었으며 49세의 나이로 사망하였다. 그는 야마토의 중심부를 흐르는 강을 백제천(百濟川)으로 명명하고 서쪽의 백성들에게는 궁을, 동쪽의 백성들에겐 9층탑을 세우고 절을 짓게 하였다. 이들은 백제궁(百濟宮)과 백제사(百濟寺)라 불리었다.

640년 10월 백제궁이 완성되어 거처를 옮긴 천황은 이듬해 겨울 그곳에서 세상을 떠났다. 이에 조정에서는 궁 북쪽에 빈궁을 지어 죽음을 애도했다. 사람들이 백제의 대빈(百濟の大殯)이라 불렀다. 왕좌는 그의 아내이자 조카인 다카라 황녀(후의 고교쿠 및 사이메이 천황)가 물려받았으며 그녀의 동생 고토쿠 천황을 거쳐 그의 아들인 덴지 천황과 덴무 천황에게 상속되었다.

35대
고교쿠(皇極, 황극) 천황(재위 642~645)

33대 스이코(推古)에 이어 왜 나라 두 번째 여성 왕이며 다카라 황녀(寶皇女)라는 명칭으로도 알려져 있다. 655년 37대 사이메이(齊明, 제명, 655~661)왕으로 다시 즉위하여 왕위에 두 번 올랐다. 30대 비다쓰(敏達) 천황의 손자인 지누(茅淳王, 모정왕)의 딸이며, 결혼도 두 번 했다. 처음에 용명 천황의 손자인 고코(高向王, 고향왕)와 결혼해 간 황자(漢皇子)를 낳았다. 그리고 그 후에 다시 조메이(舒明, 서명) 천황에게 시집을 가서 38대 덴지(天智)왕이 되는 나카노오에(中大兄皇子, 중대형황자)와 40대 덴무(天武)왕이 되는 오아마(大海人皇子, 대해인 황자), 그리고 하시히토(間人皇女, 간인 황녀) 세 자녀를 낳았다.

조메이 천황이 후계를 정하지 못하고 죽자 642년 2월 왕위에 올랐다. 전과 같이 소가노오미에미시(蘇我臣蝦夷, 소아신하이)를 대신으로 지명했는데, 그의 아들 소가노이루카(蘇我入鹿, 소아입록)가 국정을 스스로 장악하고는 그 위세가 아버지 이상이었다. 난폭한 짓을 일삼았으며 조메이 천황의 황자인 후루히토오호에(古人大兄, 고인대형)를 천황으로 내세우려는 음모를 꾸미기도 했다. 643년 소아입록은 쇼토쿠 태자의 아들 야마시로노오에(山背大兄王, 산배대형왕)를 공격하여 자살케 하는 등 전횡을 일삼아 황족과 다른 호족들의 반감이 커졌다.

고교쿠 천황의 아들 나카노오에(中大兄 皇子, 중대형 황자)는 645년 7월 10일(大化 원년 6월 12일) 나카토미노 가마타리(中臣鎌足, 중신겸족) 등과 함께 '을사의 변'이라 불리는 정변을 일으켜 궁중에서 소아입록(蘇我入鹿)의 목을 쳐 살해하였다. 다음날 소아입록(蘇我入鹿)의 부친인 소아신하이(蘇我臣蝦夷)까지 자살하면서 100년 이상 조정을 장악해 왔던 소가씨 가문이 몰락하고 말았다. 소아신하이(蘇我臣蝦夷)는 죽기 전에 『천황기(天皇記)』, 『국기(國記)』 및 『진보(珍寶)』 등 조정의 역사서까지 불태워 없앴다.

소아입록이 황태자 중대형(中大兄)과 중신겸자련(中臣鎌子連)에 의해 살해당하는 것을 목격한 천황은 7월 12일 자신의 친동생인 가루 황자(輕皇子)에게 양위하고 물러났다. 가루 황자가 36대 고토쿠(孝德, 효덕, 재위 645~654)왕으로 즉위하고 상왕이 된 고교쿠는 스메미오야노 미코토(皇祖母尊, 황조모존)라는 존호를 받았다. 9년 후인 654년 코우도쿠(孝德) 천황이 죽자, 황극(皇極, 고교쿠)은 655년 2월 14일 다시 즉위하였다. 37대 사이메이 천황(齊明天皇, 제명, 재위 655~661)이다.

36대
코우토쿠(孝德, 효덕) 천황(재위 645~654)

황태자인 나까노 오오에(中大兄)와 호족인 나까토미노 카마타리(中臣鎌足) 등은 645년 소가씨를 제거하고 난 후 새로운 정치의 장을 열었다. 이것을 '大化의 改新'이라고 한다. 大化는 일본에서 처음으로 제정된 연호이다.

대화개신은 당나라의 제도를 모방하여 천황을 중심으로 하는 정치 체제를 확립했다. 그 당시까지 호족이 소유하고 있던 토지와 인민을 모두 천황이 소유하는 것으로 전환하고, 호족은 도읍이나 지방의 관리로 만들어 버렸다. 중앙 정부에는 제사를 관장하는 신기관(神祇官)과 정치를 담당하는 태정관(太政官)의 2관과 8省을 설치하고, 지방에는 중앙 정부가 임명한 관리가 국사(國司)라는 이름으로 파견되었다. 모든 인민을 호적에 등록시키고, 그에 따라 일정한 토지(口分田)를 나누어 주었다. 토지에 따라 쌀이나 천으로 세금을 조정에 내게 하고, 사람이 죽으면 토지를 반납하게 했다. 그 밖에도 남자에게는 도읍이나 지방의 토목 공사 등에서 일해야 하는 勞役의 의무가 부과되었으며, 도읍지나 큐우슈우의 국경을 경비하는 병역의 의무도 있었다.

고교쿠(皇極) 4년에 대화개신(大化改新)이 일어나자 누님인 황극 천황의 양위로 즉위했다. 하시히토(間人 皇女, 간인 황녀)를 황후로 삼기 이전에 아배소족원(阿倍小足媛)과의 사이에 유간(有間) 황자를 두고 있었다. 소아입록이 살해당하는 것을 목격한 황극 천황은 중대형 황자에게 왕위를 물려주려고 하였으나 중대형은 당분간은 숙부를 내세워 백성들의 바람에 답하는 것이 좋겠다는 중신겸족의 조언을 듣고 사양하였다.

효덕 천황은 사람됨이 부드럽고 인자하며 유학자를 존중하였다. 또 불법을 존중하고 신도를 경시하였으며 귀천을 가리지 않고 은칙을 내렸다. 황태자로 황극의 장자인 중대형(中大兄) 황자를 지명했는데, 둘의 사이는 좋지 않았다. 황태자가 모든 실권을 장악하고 개신 정치를 추진해 나갔다.

천황은 원년 6월 19일, 왜국 역사상 최초로 대화(大化, 다이카)라는 연호를 사용했고, 이 연호는 5년 뒤 다시 하쿠치(白雉, 백치)로 바꿀 때까지 쓰였다. 대화 2년에 각 분야에 대한 제도 개혁을 시행했는데, 후세에 다이카 개신이라 불리게 될 개혁이었다. 『일본서기』에 인용된 '개신의 조' 4조항 가운데 1조에서 4조까지는 하쇼 캇칸(8부처 100사무소) 같은 후대의 관제를 끌어다 개변한 것으로 알려져 『일본서기』에서 말한 것과 같은 대개혁은 당시에는 존재하지 않았다고 보는 설도 있다.

천황 재위 중에 한반도의 고구려, 백제, 신라 등으로부터 자주 사신이 왔다. 신라도 사신을 보냈는데, 『일본서기』는 이들 사신을 모두 인질로 윤색해 기록하였다. 신라에서 온 이들 '인질' 가운데는 훗날 신라에서 태종 무열왕으로 즉위하게 되는 김춘추(金春秋)도 있었다.

천황은 난파(難波)라 불리는 신도시를 창건하고, 수도를 야마토 지방의 왜경(倭京)에서 옮겼다. 새 수도는 항구가 있었고, 해외 교역과 외교 활동에 적합하였다. 그러나 정부의 실질적인 권력은 황태자인 중대형에게 있었고, 653년 중대형이 다시 야마토 지방으로 환도할 것을 제안하였으나 천황은 거절하였다. 중대형은 천황의 정책을 무시하고 황극 천황과 간인 황후 이하 공경백관을 이끌고 대화(大和)의 아스카(飛鳥, 비조)로 거처를 옮겼다. 신하들도 대거 따라가 버렸다. 난파(難波)에 혼자 남은 천황은 다음 해인 654년 10월 10일 궁에서 병사하였다. 그가 죽은 후에도 중대형은 즉위하지 않았다. 그 대신 그의 어머니이며 고토쿠의 누이이며 예전의 고교쿠 천황이 다른 이름인 사이메이 천황(齊明天皇)으로 즉위하였다.

100년간 왜 나라 조정을 지배한
소가씨(蘇我氏) 가문

『삼국사기』를 보면 서기 475년 문주왕과 함께 백제의 웅진 천도를 지휘한 인물이 목협만치다. 한성으로 남침해 온 고구려 장수왕의 군사들에게 개로왕이 살해당하던 해에 왕자인 문주왕(재위 475~477년)은 위기에 빠진 백제를 구하기 위한 숱한 고민 끝에 목협만치와 함께 남쪽으로 갔다. 목협만치에 대한 기록은 그 이후로는 더 이상 보이지 않는다. 그런데 공교롭게도 목협만치와 성만 다를 뿐 이름이 똑같은 소가만치가 이후 일본 역사서에 등장한다. 어떤 이유로 왜 나라 열도로 건너간 목협만치가 그곳에서 기반을 잡은 것으로 추정해 볼 수 있다.

교토부립 대학 가도와키 데이지(門脇禎二) 교수는 저서 『飛鳥』에서 '소가노 이나메의 증조부는 백제 조신(朝臣) 목리만치이며 유라쿠왕(雄略, 456~479 재위) 때 왜 나라로 건너와 왕실의 삼장(三藏)을 관장했다'고 얘기했다. 고쿠가쿠인 대학 가나자와 쇼사브로(金澤庄三郎, 1872~1967) 교수는 "백제 제21대 개로왕(455~476 재위) 시절 왜 왕실로 건너가 중신이 된 목리만치의 아들은 소가노 가라코(蘇我韓子)이며 손자는 소가노 고마(蘇我高麗)였고 증손자는 소가노 이나메(蘇我稲目)이며 고손자는 소가노 우마코(蘇我馬子)이다."라고 지적했다.

일본 천황 가문은 백제 왕가의 혈통인가

일본 고대사에서 왜왕을 능가하는 세력을 가졌던 소아(蘇我) 가문의 시조는 백제에서 건너간 목협만치(木劦滿致)이지만, 그의 손자 소아도목(蘇我稻目)의 대에서부터 권력을 잡기 시작한다. 일본 교토 부립 자료관에 『상궁성덕법왕제설』이라는 서기 7세기 당시 일본 사정을 기록한 책이 남아 있는데, 이 책에는 "소아씨가 원래는 임(林)씨다."라는 구절이 나온다. 그리고 『신찬성씨록』에는 "임(林)씨는 백제국(百濟國) 사람인 목(木) 귀공(貴公)이다."라는 구절이 나온다. 소아만치가 정착한 곳으로 알려진 땅은 일본의 나라현 가시하라시 소아(蘇我, 일본식 발음으로는 '소가'라고 읽는다)정(町)이다. 목협만치는 백제에서 태어나 일본 열도로 건너간 뒤 성을 현지 지명에 맞추어 '소가'씨로 바꾸었다고 봐야 한다.

킨메이 천황(欽明天皇) 조정에서 가장 치열한 권력 다툼을 벌인 가문은 소가(蘇我)씨와 모노노베(物部)씨였다. 두 가문의 투쟁 원인은 538년 백제(百濟)에서 전해진 불교 문제였다. 539년 소가노 이나메는 킨메이 천황을 옹립한 후 최고 대신에 임명되었고, 모노노메노 오코시(物部尾興)도 함께 대신인 대련(大連)으로 임명되면서 양대 세력이 실권을 장악했다. 그러다가 백제로부터 불교가 도입된 뒤에 찬불파인 소가씨와 배불파인 모노노베씨가 정면 대립하기 시작하면서 30년 이상 권력 다툼을 벌였다. 소가씨는 불교 도입에 적극적이었으나 조정 내에서 불교 지지파는 단 한 사람 소가씨밖에 없었다. 당시 소가씨는 힘이 미약해서 불교가 배척당하는 동안에도 숨을 죽이고 있었다. 모노노베노 오코시는 일본의 토착 신앙인 신토를 믿는 국신파로 불교를 배척했다. 그러다가 모노노베(物部)씨를 마침내 제거하고 실권을 장악한 소가씨는 쇼토쿠(聖德)

태자와 협력하여 일본 최초의 사원인 아스카지(飛鳥寺)를 건립하였다. 아스카 시대 6세기가 되자 호족인 소가씨는 천황들을 교체할 만큼 권력이 막강하게 되었고 소가씨와 손을 잡아 정권을 차지한 인물이 쇼토쿠 태자다. 쇼토쿠 태자는 여황제 스이코 천황(推古)을 도와 천황을 정점으로 한 국가 시스템을 정비하였다.

천황들을 교체할 만큼 왜 나라 조정을 100년간이나 지배한 소가씨 본종가(本家)를 형성한 소가씨 4대는 '소가노 이나메(稻目)-우마코(馬子)-에미시(蝦夷)-이루카(入鹿)'로 이어진다. 645년 발생한 다이카개신(大化改新: 이른바 을사의 변)까지 일본 고대사의 전반부를 화려하게 장식한 소가씨 집안의 사람들이다.

소아도목(蘇我稻目)은 4남 3녀를 두었는데, 그중 아들인 마자(馬子)는 대신으로 54년간 권세를 휘둘렀다. 자객을 시켜 32대 스슌 천황을 살해하고 생질녀인 스이코를 천황으로 추대했다. 세 딸 모두 천황에게 시집 갔는데, 그중 두 딸(① 기타시히메와 ② 오아네노키미)을 29대 킨메이 천황(欽明王, 흠명왕)의 부인으로 보냈다.

소아마자(蘇我馬子)는 소아도목(蘇我稻目)의 아들로 비다쓰 천황부터 요메이, 스슌, 스이코 4대에 걸쳐 대신(大臣)의 지위를 가지고 소가씨의 전성시대를 열었다. 불교 수용 문제를 두고 물부(物部)씨, 중신(中臣)씨와 대립하였으나 물부씨를 타도하고 왕실의 외척으로서 소아씨의 지위를 굳혔다. 그 세도는 아들 소아하이(蘇我蝦夷)와 손자 소아입록(蘇我入鹿)까지 이어졌다.

29대 킨메이 천황의 부인은 소아도목의 두 딸 ① 기타시히메 ② 오아네노키미였다. 30대 비다쓰, 31대 요메이, 32대 스슌 천황은 모두 킨메이 천황의 아들들이다. 30대 비다쓰 천황은 기타시히메의 딸과 결혼, 31대 요메이 천황도 기타시히메의 딸과 결혼했으며, 32대 스슌 천황은 오아네노키미의 딸과 결혼했다.

37대
사이메이(齊明, 제명) 천황(재위 655~661)

641년 남편인 서명 천황이 죽자 다음 해 35대 황극(皇極, 교오교꾸) 천황으로 즉위했다. 4년 반 후 아들인 중대형 왕자가 당시의 실권자 소가노 이루카(蘇我入鹿)를 암살하는 '을사의 변'이 일어나자 왕위를 자신의 동생인 효덕 천황에게 양위하였다. 효덕 천황이 5년 10개월 후 사망하자 다시 왕위에 올라 37대 사이메이(齊明, 제명) 천황으로 655년에서 661년까지 재위하였다. 『일본서기』에 두 번 결혼한 여왕으로 나와 있다. 처음에 고향왕(高向王)에게 출가하여 한황자(漢皇子)를 낳았다. 뒤에 서명(舒明, 조메이) 천황에게 출가하여 2남 1녀를 낳았다. 당시 조정의 실권자인 소가노 이루카의 세력을 등에 업고 서명 천황의 배우자로 들어간 것은 역사적인 사실이나 『일본서기』에 제명 천황의 출신에 대한 언급은 없다.

『일본서기』에 백제의 패망을 알려온 기사가 나온다. 제명 6년 9월 기해삭 계묘(5일)에 백제가 달솔, 사미, 각종 등을 파견하여 난을 보고하였다.

"7월에 신라가 당나라를 끌어들여 백제를 멸망시켰습니다. 군신이 모두 포로가 되고 살아남은 자가 거의 없습니다. 은솔 귀실복신과 달솔

여자진은 임존성과 웅진성에서 각각 항거하면서 백제의 백성을 불러 모아 함께 왕성을 지키고 있습니다. 국인이 존경하여 좌평 복신, 좌평 자진이라고 말합니다. 이미 망한 나라를 다시 일으키고 있습니다."

겨울 10월에 귀실복신이 좌평 귀지 등을 보내어 당의 포로 100여 명을 바치면서 군사 파병과 백제의 왕자 풍장을 왕으로 맞이하고 싶다고 요청하였다. 12월 천황이 난파궁으로 행차, 백제를 위해 신라를 정벌하기 위해 여러 가지 무기를 준비시키고 배를 만들게 하였다.

제명 7년 5월 천황이 조창궁(朝倉宮: 福岡縣 朝倉町)으로 거처를 옮겼다. 7월 24일 천황이 조창궁에서 죽었다. 10월 7일 황태자가 천황의 관을 배에 싣고 출항했고 11월 7일에 아스카노가하라(飛鳥川原, 비조천원)에 안치하였다. 이날부터 9일까지 애도 의식을 거행하였다. 제명 천황은 백제 멸망 후 왜 나라의 모든 운명을 걸고 백제를 살리기 위해 목숨을 바친 왕이었다. 수도까지 옮기고 전 국민에게 동원령을 내려 당나라와 싸워 백제를 지키겠다고 하면서 국가의 운명을 걸었던 천황이었다. 백제를 구원하기 위한 파병을 즉각 결정하고 이를 위한 선박 건조의 명을 내리는 동시에 수백 명의 군사를 백제에 파병했다. 그러나 전쟁 준비 와중에 68세의 나이로 죽었다.

제6부

백제(百濟)의 멸망

641년 왕위에 오른 의자왕은 642년 군사를 이끌고 신라의 40여 성을 함락시켰으며 요충지인 대야성까지 함락하였다. 신라는 백제의 공격을 막기 위해 고구려와 왜국에 동맹을 추진하였으나 거절당하고 도리어 백제와 고구려가 동맹 관계를 맺게 되었다. 그러자 신라는 당나라와 동맹을 체결하여 고구려와 백제에 맞서게 되었다. 642년 이후 신라에 대한 우위를 확보한 백제는 648년 신라의 10개 성을 함락시킨 데 이어 경주 인근까지 기습하는 등 신라를 거세게 몰아붙였다. 또한 655년에는 고구려와 함께 신라의 30여 성을 공격하기도 했다. 위기에 몰린 신라는 김춘추와 김유신이 정치와 군권을 장악하면서 백제를 멸망시킬 준비에 몰두해 있었다.

반면 의자왕은 신라를 압도한 것에 자만하여 신라와 당의 움직임에 별 관심을 두지 않았다. 게다가 의자왕은 반대파 귀족들을 숙청하고, 41명의 아들들을 최고 관직인 좌평에 임명하여 식읍을 나누어 주었다. 이러한 결정으로 백제는 중앙군이 약화되고 지방에 과다한 군대가 배치되는 상황이 벌어졌다.

660년 6월 21일, 13만 대군을 실은 당나라의 수많은 배가 덕적도 앞바다에 도착하여 신라군과 합류했다. 이때부터 시작된 양국의 기습 작전은 백제를 당황하게 했다. 당군은 우선 금강 하구로 진격하였으며, 신라의 5만 군사는 황산벌로 진격했다. 백제는 황급히 군대를 동원하였으나 계백의 5천 결사대가 황산벌에서 김유신의 5만 대군에게 전멸당했고, 금강 하구에서도 당군을 막아내지 못했다.

7월 11일부터 공격을 받기 시작한 백제의 수도 사비성은 3일 만에 함락되었고, 의자왕 일행은 야음을 틈타 웅진성으로 탈출했다. 그런 와중에서 7월 18일 당나라 소정방에게 갑자기 항복하고 말았다. 공격을 받은 흔적이 없는 웅진성이었다.

수성 대장이었던 좌평 예식이 배신하여 의자왕을 사로잡아 항복한 것이다. 의자왕은 동맥을 끊어 자살을 시도했지만 뜻을 이루지 못했다. 9월 3일 다른 왕족들과 함께 당나라로 압송당했다. 당시 수도 부여(泗沘城)의 정림사지 5층 석탑의 1층 탑신에 백제를 멸망시킨 당나라의 장수 소정방이 '大唐平百濟國碑銘'이라고 새겨놓아 당시의 수난을 엿볼 수 있다.

11월 1일 당나라 수도 낙양의 응천문(應天門)에서는 당 고종이 백제에서 잡혀 온 포로들을 신문하고 있었다. 의자왕과 88명의 왕족 및 귀족, 그리고 백성 12,000여 명이었다. 예식은 당 조정에 중용되어 당나라 고위 관직 16위 중 하나인 좌위위 대장군에 임명되었다. 당에서 높은 벼슬을 한 예식진의 묘비명에 백제 출신이라고 적혀있는 것을 최근 중국 낙양의 고문물 탁본 전문가들이 발견함으로써 예식의 배신으로 의자왕 일

일본 천황 가문은 백제 왕가의 혈통인가

부여 정림사지 5층 석탑 (출처: 네이버 블로그 〈역사 천재들의 모임〉)

석탑의 1층에 기록한 소정방의 글 때문에 과거에 평제탑(平濟塔)이라 불리었다. (출처: 네이버 블로그 〈역사 천재들의 모임〉)

행이 포로가 됐었다는 사실이 알려지게 되었다. ('의자왕 항복의 충격 보고서! 예식진 묘비명', KBS 역사추적)

구사일생으로 살아남은 백제 무왕의 조카 복신과 승려 도침은 주유성을 근거지로 삼고 치열한 반격전을 시도하면서 왜국의 제명 여왕에게 의자왕의 비보를 전했다.

왜 조정의 결단

120년간 권력을 독점해 온 소가씨의 본종가가 645년 6월 '을사의 변'으로 멸족해 버리고 고토쿠 천황이 즉위했다. 즉위 2년(646) '개신의 조' 발표로 왕족 주도의 개신 정권이 탄생하였고, 당과 같이 왕이 강력한 권력을 가진 국왕 중심 정치 체제를 만들려는 개혁이 이루어졌다. 이를 '다이카 개신(大化改新)'이라 한다.

개신의 핵심은 그동안 귀족들이 소유하고 있던 땅과 백성들을 모두 천황의 소유로 한다는 것이었다. 세금을 걷기 위해 호적 제도를 만들어 백성들을 관리했으며 그에 필요한 행정 기관도 만들었다. 이를 통해 야마토 정권에 남아 있던 씨족 사회의 잔재들이 사라지게 되고, 비로소 고대 국가다운 모습이 만들어졌다. 그러나 개신 정권의 외교 노선은 친백제 일색이었던 이전과는 많이 달랐다.

당태종 이세민이 630년 돌궐을 정복한 후 동아시아 진출을 꿈꾸고 먼저 신라와 연합했다. 국경을 맞대고 있는 고구려를 고립시키기 위해서였다. 왜국에도 632년(서명 4년) 고표인(高表仁)을 파견하여 일본의 실력자 소가노오미에미시에게 백제와 맺고 있는 긴밀한 관계를 단절하고 당, 신라, 왜 세 나라가 연합하자고 요구했다. 그러나 왜가 호응하지 않았다. 천황이 백제천 옆에 백제궁과 백제사를 짓던 시기였다. 소가씨의 우선 현안은 권력을 유지하는 것이었으므로 당의 요구를 수용할 수가 없었기에 백제와 계속해서 관계를 가지면서 더 강화해 나갔다. 그러나 이것은 한편으로 선진 문물의 수입 경로를 상실하여 지배층의 요구를 외면하는 일이 되었다.

645년 소가씨 가문이 완전히 멸문한 뒤, 고토쿠 2년(646) 왜 나라가 신라에 사신을 파견한다. 개신 정권 수립 후 외국으로 파견된 최초의 사절이었다. 백제 일변도의 왜국 외교로는 한계가 있어 노선을 선회할 필요가 있었던 것이다.

647년 신라 김춘추 대신이 왜국을 방문했다. 다음 해 김춘추는 당(唐)을 방문하고 왜가 신라와 연합할 의사가 있음을 알렸다. 당 – 신라 – 왜가 연대하고, 고구려 – 백제가 고립되는 모습이 되었다.

고토쿠(孝德) 천황은 친당, 친신라 노선을 추구했다. 개신 정권의 핵심 세력은 고토쿠 천황을 주축으로 한 중대형(中大兄, 나카노오에) 황자와 중신겸족(中臣鎌足, 나카토미노 가마타리) 등이었다. 그런데 얼마 지나지 않아 고토쿠 천황과 나카노오에 황자 사이에 권력 투쟁이 발생했다. 당이 고구려 정벌을 본격화하자 나카노오에 황자는 당이 고구려, 백제를 멸한 뒤에는 왜국까지 침범해 올 것이라는 논리로 고구려, 백제와의 관계 복원을 요구했다. 그리고 백제계와 손을 잡았다. 그 결과 천황은 나니와에서 고립되었고 나카노오에 황자는 아스카로 돌아왔다. 이후 고토쿠 조정의 친당, 친신라 노선이 후퇴하고 다시금 친백제 노선이 대두했다.

나카노오에 황자의 배후는 친백제 노선을 지지하는 호족들로 그 기반을 이루게 되었다.

654년 고토쿠 천황이 죽자 나카노오에 황자는 어머니 황극 천황을 다시 제명 천황으로 옹립한 다음 본격적으로 당과 신라의 침입에 대비한 방어 체제를 구축하면서 백제, 고구려와 손잡고 당과 신라에 대항해 나갔다.

660년 나당 연합군이 백제를 침략하자 왜는 아주 큰 위기의식을 가지게 되었다. 만일 백제가 무너지면 이들은 반드시 왜국으로 쳐들어올 것으로 생각하고 국가의 모든 역량을 결집시켜 우선 백제를 부흥시키기 위한 전쟁을 준비했다.

야사에서는 제명(사이메이) 여제와 백제 의자왕 사이에 아주 가까운 혈연관계가 있다고 전하고 있다. 두 사람이 피를 나눈 사이였다 하더라도 당시 백제 부흥군을 지원하는 일은 왜로서도 쉽게 결단하기 어려운 일이었다. 3만 명 이상의 군대를 파견하는 파격적인 지원이란 정말 상상하기 힘든 대단히 어려운 일이었다. 당시 왜 열도 전체의 인구가 100만 명 정도였다고 한다. 20만 가구라고 본다면 노인과 부녀자를 제외하고 전국적으로 7가구에 한 사람씩 지원군이 파견되는 셈이었다. 백제는 이미 패전을 했고 의자왕과 왕족들도 당나라로 끌려가고 난 뒤였다. 바닷길로 원정까지 가서 나당 연합군과 싸우는 일이 그리 쉬운 일도 아니었다.

일단 백제를 부흥시키겠다는 정치적 결단이 내려진 후, 왜는 백제 부흥 운동에 파격적인 원조를 실시했다. 제명 여제는 빨리 배를 만들게 하고 필요한 무기를 준비시키고 지원병의 동원을 독려하면서 백제 가까운 후꾸오까의 조창궁(朝倉宮)으로 거처를 옮겼다. 그러나 무리를 하고 서둘렀기에 661년 7월에 급사했다. 나까노오오에 황자는 상중임에도 불구하고 소복을 입은 태자로서 662년 1월 귀실복신(鬼室福信)에게 화살 십만 척 등 다양한 군수품과 종자벼 3천 석을 보냈고, 3월에 왜국에 와 있던 의자왕 아들 부여풍에게 포 3백 단을 하사했다. 다시 5월 풍장의 귀국길에 그를 호위하기 위한 '별군(別軍)' 5천 명과 선박 170여 척을 보냈다. 663년 3월에는 전장군 상모야군치자 등의 장군들에게 400여 척의 선박에 군사 27,000명을 주어 백제의 전쟁터로 가게 했다. 이 왜국군은 지방 호족들이 동원한 국조의 일족과 그 지배하의 민중과 노비로 구성된 국조군(國造軍)의 집합체였다.

백촌강(白村江) 전투

의자왕과 왕족, 그리고 많은 백성이 소정방에 의해 당으로 끌려가고 난 뒤 복신과 도침의 거병이 잇따랐다. 복신은 의자왕의 사촌 동생으로 아주 뛰어난 장수였고, 도침은 승려 출신이었다. 이 둘은 백제 유민들을 모으는 한편, 왜에 가 있던 의자왕의 아들 부여풍을 데려와 왕으로 추대키로 하고 백제 부흥 운동을 시작했다.

백제 멸망 후 당나라는 다섯 개 도독부를 설치하려 했으나 백제 유민의 강력한 저항으로 웅진 도독부 하나만 설치하였다. 부흥군이 웅진 도독부를 압박해 나가자 유인원의 증원 요청으로 당은 유인궤(劉仁軌)가 인솔하는 수군 7천여 명을 한반도에 추가 파병했다. 초기에 부흥군은 사비성을 공격하여 영토 일부를 회복하는 등 큰 활약을 벌였지만 태세를 정비한 유인궤의 섬멸 작전과 신라 무열왕이 직접 진압에 나섬에 따라 계속 쇠퇴해져 갔다. 그러다가 풍장과 5천 명의 호위병이 도착한 뒤 백제 부흥 운동권의 전세가 잠시 호전되었다. 구원군의 본대가 도착하면 백제 부흥 운동권의 주도권은 백제 부흥 운동을 주도하던 복신으로부터 부여풍과 왜의 구원군으로 넘어가게 될 것이 뻔했기에 주도권을 잃어버릴 것을 두려워한 복신은 본대의 파견을 잠시 보류할 것을 요청했다. 복신은 왜군의 사비성 진군을 막았고, 그 사이 당의 구원군이 도착하여 웅진성을 구원하고 주류성을 공략하고 있었다.

　반면 부흥군은 내부에 분열이 일어나서 갑자기 전세가 약해지고 말았다. 부흥군 내부에서 생긴 불화로 먼저 복신이 도침을 죽였다. 이후 부여풍은 모반을 의심하여 복신을 죽였다. 백제 측에 내분이 일어난 것을 알고 신라군은 주유성을 단단히 에워쌌고 당의 장수들은 전선 170척을 이끌고 백촌강에 진을 쳤다. 풍장은 복신을 제거하고 나서야 당과 신라의 협공을 받고 있던 주류성 구원에 나설 수 있었고, 보류되었던 구원군의 본대가 다시 출발한 것은 663년 3월이었다. 6월 왜에서 파견된 전군(前軍) 장군 상모야군치자 등은 신라의 사비와 기노강 두 성을 빼앗았다. 이후 백제 부흥군의 군세가 다시 살아나 여러 성을 나당 연합군으로부터 빼앗았다.

　8월 27일 왜의 수군 중 처음에 온 군사들이 당의 수군과 싸웠으나 이기지 못하고 물러났다. 당의 수군은 항복한 백제 왕자 부여융과 함께 전열을 가다듬으며 백강의 안쪽에 포진했다. 멀리 왜에서 27,000여 명의 전투병이 400여 척의 배를 타고 백제 부흥군을 지원하기 위해 속속 도착했고, 부여풍은 이들과 함께 백강 반대편 어귀에 진을 쳤다.

　8월 28일, 지금의 금강 하구이며 옛 백제 영토였던 백촌강에서 대규모 전쟁이 벌어졌다. 동방의 여러 나라가 참여한 역사적인 국제전이었다. 그러나 엄밀히 따진다면 나당 연합의 정예군과 왜 나라에서 모집해 온 지역 지원군의 싸움이었다. 왜 나라 각 지방 호족들 밑에서 단련된 군인들이었지만 3월에 출발하여 오래도록 항해 생활에 무척이나 시

백촌강(白村江)의 전투

달린 상태였다. 사흘간 계속된 이 전투에서 백제와 왜 나라 연합군은 중국의 당나라와 신라의 연합군에 무참하게 패하고 말았다. 4차례의 전투 결과 왜에서 온 400척의 배가 대부분 불타는 참패가 이어졌다.

『구당서(舊唐書)』 유인궤 전에서는 "인궤가 왜병을 백강 하구에서 만나 네 번 싸워 이기고 그 배 400척을 불태웠다. 연기와 불길이 하늘을 덮었고 바닷물이 붉게 물들었다. 적의 무리는 크게 무너졌다. 여풍(餘豊)은 겨우 탈출하여 도망갔다. 그 보검을 빼앗았다. 僞王子扶餘忠勝과 忠志 등이 남녀와 왜인, 탐라국 사신을 거느리고 함께 항복하였, 백제의 모든 성이 귀순하였다."고 기록하고 있다. 주류성은 계속 저항하다가 9월 7일 항복했고, 임존성도 2개월을 버티다가 함락되었다.

백강(白江)의 위치가 어디냐에 따라 나당 연합군의 공격로와 백강구 전투가 일어난 곳의 위치가 달라진다고 하는데, 백강이 금강이라는 주장과 부안과 김제 사이에 있는 동진강이라는 주장이 있다. 김용운 박사는 주류성을 일본식 이두로 읽으면 '시로다' 즉 희다 라는 뜻이 있고, 일본인들은 시라스키(白城) 전쟁이라고도 불렀다. 白城(시라스키)을 석회석으로 된 거대한 하얀 바위(현재 울금바위로 불림)를 지칭한 것으로 보고 그 밑에 흐르는 동진강이 백강일 것이라고 얘기했다.

왜의 수군은 백촌강 하구에서 당군과 네 번 싸워서 네 번 모두 졌다. 해전에서 바람의 방향이 승패를 좌우했는지 모르지만 부흥군 안에서 일어난 내분도 주요 원인이 되었을 것이다. 당의 원병이 도착하기 전에 사비성과 웅진성을 선제공격할 수 있는 소중한 기회를 잃어버렸기 때문이었다.

부여풍은 배를 타고 고구려로 망명했다. 이로써 백제 부흥의 꿈은 산산조각이 났고 678년 동안 번영을 누려왔던 백제가 완전히 사라지고 말았다.

혼비백산한 백제의 왕족들과 귀족들, 그리고 수많은 백제 유민들이 퇴각하는 군대와 함께 왜 나라 열도로 황급히 쫓겨 가는 신세가 되었다. 행여 신라와 당의 연합군이 왜 나라 열도까지 뒤쫓아 오지 않을까 염려되어 퇴각하면서도 열도 곳곳에 방어용 성들을 쌓으면서 도망을 갔다. 마치 하늘 높이 날고 있던 큰 연에 갑자기 줄이 끊겨져 저 멀리 산 너머로 사라져버리듯이 오랜 기간 굳게 의지해 왔던 왜와 백제와의 연결고리가 갑자기 사라지고 말았다. 대다수 백제 유민들은 물론 왜 나라에서 온 지원군들도 이제는 조상의 산소에 성묘를 갈 수 없게 되어 조상을 뵐 면목이 없어졌다고 울먹였다.

"주류가 항복하였다. 사태가 어찌할 수 없게 되었다. 백제의 이름이 오늘로서 끊어졌다. 선조의 묘에 두 번 다시 갈 수 없겠구나! 테례성에 가서 왜의 장군들과 만나 이후의 처리에 대해 상의하자."고 한탄했다. 좌평(佐平) 여자신(餘自信), 달솔(達率) 목소귀자(木素貴子), 곡나진수(谷那晉首), 억례복류(憶禮福留) 등 3천 명 이상의 백제 지배층이 왜 나라 수군과 함께 왜로 향하는 배에 올랐다.

38대 덴지(天智, 천지) 천황(재위 668~671)과 일본(日本)의 탄생

일본의 제38대 천황으로 이름(諱)은 가즈라키(葛城)이지만, 나카노오에 황자(中大兄皇子)라는 명칭으로 널리 알려져 있다. 제34대 조메이 천황(舒明天皇, 재위 629~641)의 아들이며, 모친은 35대 고교쿠 천황(皇極天皇, 재위 642~645)과 37대 사이메이 천황(齊明天皇, 재위 655~661)으로 두 번 왕위에 오른 다카라 황녀(寶皇女)이다. 이복형인 후루히토노오에노 미코(古人大兄皇子)의 딸 야마토노히메노 오키미(倭姬王)를 황후로 맞이하였으나 두 사람 사이에 자식은 없었다.

나카노오에 황자는 645년 7월 나카토미노 가타마리(中臣鎌足)와 함께 고교쿠 천황(皇極天皇)의 어전(御殿)에서 소가노 이루카(蘇我入鹿)를 암살했다. 그다음 날 소가노 이루카의 아버지인 소가노 에미시(蘇我蝦夷)마저 자살하여 100년 이상 막강한 정치권력을 행사했던 소가씨(蘇我氏) 집안은 멸망하게 되었다. 나카노오에 황자는 가타마리와 상의한 끝에 당시 천황이었던 그의 어머니인 고교쿠 천황의 남동생, 즉 자신의 삼촌 가루 황자(輕皇子)를 고토쿠 천황으로 즉위시켰다. 그리고 자신은 황위에 오르지 않고 황태자가 되어 정치적 실권자로서 권력을 행사했다.

그는 무려 23년간이나 황태자로서 정치를 담당했던 관록의 소유자였으며, 일본 최초로 연호를 다이카(大化)로 정하고 개혁을 실행했다. 그동안 외척과 호족들에게 휘둘리던 정치를 개혁하기 위하여 수도를 아스카(飛鳥)에서 나니와(難波, 지금의 오사카)로 천도(遷都)하였다. 그리고 646년 정월에 '개신(改新)의 조(詔)'를 발표하고 개혁을 위한 사업을 차근차근 진행하였는데, 이때 이루어진 개혁을 다이카개신(大化改新)이라 한다. 그러나 나카노오에 황자가 조정의 실권을 장악하자 고토쿠 천황이 이에 불만을 품어 갈등을 빚었다. 이러한 불화 끝에 653년 나카노오에 황자가 아스카로 돌아가자 많은 신하가 그를 따라갔고 고토쿠 천황은 정치적으로 고립되고 말았다.

654년 고토쿠 천황이 사망하자 나카노오에 황자는 이번에도 자신이 즉위하지 않고 고교쿠 천황이었던 자신의 어머니를 사이메이 천황(齊明天皇)으로 즉위시켰다. 그리고 사이메이 천황 시기에도 고토쿠 천황 시기와 마찬가지로 정치적 실권을 장악하고 정치 개혁을 계속해서 추진하였다. 661년 사이메이 천황과 함께 쓰쿠시(築紫, 지금의 후쿠오카)에 머무르며 백제(百濟)의 부흥 운동(復興運動)을 지원하기 위해 대규모 병력을 한반도로 파견하기도 했다. 같은 해인 661년에 사이메이 천황이 사망했는데, 나카노오에 황자는 이때에도 즉위하지 않은 상태로 정치를 담당하였다.

663년 백제 부흥 운동에 대대적인 지원군을 파견하였으나 백강구(白江口)의 전투에서 나당 연합군(羅唐 聯合軍)에게 크게 패하였다. 전투에서 패한 뒤 나카노오에는 나당 연합군의 침공에 대비하여 방비를 견고히 하기 위해 북규슈의 쓰시마(対馬), 이키(壱岐), 쓰쿠시에 변경 수비대와 봉수를 설치하고, 다자 이후의 서쪽 – 쓰쿠시에 평지성인 수성(水城)을 축조하였다. 또 망명해온 백제 유민들을 쓰쿠시에 파견하여 이들로 하여금 쓰시마로부터 북규슈, 기나이의 왕도에 이르는 국방상의 요새에 조선식 산성을 축성하게 하였다. 667년 3월 조정과 백성들의 반대에도 불구하고 백제의 망명 세력을 이끌고 수도를 아스카(飛鳥)에서 오쓰노미야(大津宮, 지금의 오츠시)로 옮겼다. 그리고 내륙의 새로운 땅 오오미(近江)에 새 왕국을 세웠다. 고구려와 연합을 해서라도 신라를 물리치고 백제를 반드시 되찾겠다고 굳게 결심하면서 즉위식도 나중으로 미루었으나 기대했던 고구려마저 668년 나당 연합군에 패망하고 나라가 사라졌다.

나카노오에 황자는 668년 음력 1월 3일 7년간 미루어 왔던 천황위에 올랐다. 황태자가 55세의 나이로 즉위하니 그가 바로 38대 천지 천황이다. 그리고 한 달 뒤인 음력 2월 23일에 그에게 적극적으로 협조해 왔던 동생 오오아마(大海人) 황자(훗날의 천무 천황)를 황태제(皇太弟)로 삼았다. 오아마노 황자는 천지 천황의 딸을 아내로 맞이하여 이미 구사카베(草壁) 황자까지 두고 있었다. 그는 호족들로부터의 신망이 높아 누가 보더라도 천황의 후계자로서 흠잡을 데가 없는 존재였다.

천지 천황의 동지이자 다이카 개신의 주역이었던 가마타리(中臣鎌足)가 669년에 죽자 천황은 이런 가마타리의 공로를 높이 평가하여 대직관(大織冠)과 후지와라(藤原)라는 성을 수여하였다. 가마타리는 죽기 전까지 중국 당나라의 법률을 본받아 제도를 규정하는 '영(令)'을 제정하고 있었다. 천황은 이 규정에 따라 전국의 호적(戶籍)을 정리하고 670년 경 오년적(庚午年籍)이라는 호적을 만들었는데 이 호적은 그때까지 미비했던 호적을 일신한 것으로 근대 호적의 모체가 되었다.

야마토(倭)라는 국호를 '日本'으로 정하고, 군주의 호칭을 '天皇'으로 칭한 것은 덴무 천황이 최초라는 것이 유력하다는 설도 있지만, 왜국이 국호를 변경한 것은 서기 670년인 7세기 후반이다. 『삼국사기』 「신라본기」 문무왕 10년(670년) 12월조에 "왜국이 나라 이름을 일본이라 고쳤는데, 그들은 스스로 말하기를 해 뜨는 곳에 가까우므로 이렇게 이름한다."라고 했다.

670 十二月 倭國 更號日本 自言近日所出以爲名

신당서에도 다음의 기록이 있다.

670 咸亨元年, 遣使賀平高麗。後稍習夏音, 惡倭名, 更號日本。使者自言
國近日所出, 以爲名。或云日本乃小國, 爲倭所幷, 故冒其號

(당나라의) 고구려 평정(668)을 축하하는 사절을 보내왔다. 왜(倭)라는 국명이 싫어서 일본(日本)으로 고쳤다고 한다. 일본 관리의 말에 따르면 그 나라가 해 뜨는 곳에 가까워 그리 이름하였다 한다. 혹자는 이르기를

일본은 소국이었는데, 왜국을 합병하고 그 이름을 쓴다고 하였다.

671년에도 최초의 율령법전(律令法典)인 오미령(近江令)을 시행하는 등 정치 개혁을 지속적으로 추진했다.

진신의 난(壬申の乱)과
40대 덴무(天武, 천무) 천황의 즉위

진신의 난은 서기 672년에 일어난 고대 일본사 최대의 내란이다. 덴지 천황 사후 태자 오토모 황자에 맞서 황제(皇弟) 오아마 황자가 지방 호족들을 규합해 반기를 든 사건이다. 일본 역사에서 예외적으로 반란을 일으킨 측이 승리한 내란이었으며, 사건이 일어났던 서기 672년이 간지로 임신년(壬申年)에 해당하므로 간지의 이름을 따서 '진신의 난'이라 부른다.

덴지 천황은 무리한 전쟁과 새 도읍의 건설 등으로 백성들의 원망을 샀고, 다이카 개신으로 세력을 잃은 귀족들도 불만이 쌓여 있었다. 오아마(大海人) 황태제는 자타가 인정하는 황위 계승 예정자였다. 그러나 덴지 10년(671) 정월 장자인 대우(大友) 황자를 태정대신(太政大臣)에 임명함으로써 대우 황자가 사실상의 후계자처럼 되었다.

천황은 병이 깊어가자 그 해 10월 중순 동궁인 大海人 황자를 불러 "짐은 병이 심하다. 후사를 그대에게 맡기겠다."는 등의 얘기를 하였다. 천황의 의도를 의심하고 있던 동궁은 재배하고 병을 핑계 대면서 "대후(大后)에게 대업을 맡기시기 바랍니다. 그리고 대우왕(大友王)에게 모든 정치를 하도록 하십시오. 신은 천황을 위하여 출가하여 수도하고자 합니다."라고 고사했고, 천황이 이를 허락하였다. 동궁은 즉시 수염과 머리를 깎고 불자가 되고자 길야(吉野)로 떠났다. 12월 초 천황이 근강궁에서 죽었다.

덴지 천황이 죽고, 아들 오토모 황자가 39대 홍문(弘)왕으로 즉위했다. 덴지의 아들이 천황의 자리에 앉자 황태자였던 오아마가 반란을 일으켜 내전이 일어났다. 이 전쟁에서는 한반도에서 건너간 백제와 신라 사람들도 중요한 역할을 했다. 천황 편에는 백제 사람들이, 반란군 쪽에는 신라 사람들이 협력하였다. 결과는 한반도에서와 마찬가지로 신라 쪽의 승리였다.

홍문왕은 숙부 오아마(大海人)와의 왕위 쟁탈전에서 패한 후 자결했다. 조카를 물리치고 등극한 40대 덴무(天武) 천황은 오오미 조정을 해산시킨 후 아스카로 도읍을 옮겼다. 그동안 백제의 분국 역할을 하던 오오미 조정이 사라지면서 왜 나라는 약 300년간의 백제 지배에서 완전히 벗어나게 되었다. 조카로부터 천황의 자리를 빼앗은 덴무 천황은 형의 뒤를 이어 개혁을 완수해 나갔다. 이때부터 백제와의 오랜 관계는 일단 대미를 고하게 되고 자주독립국으로서 일본의 새로운 역사를 시작하게 되었다.

즉위식에서 덴무 천황은 탐라 사신에게 조(詔)를 내려 "천황이 새로이 천하를 평정하여 비로소 즉위하였다."라며 자신이 새롭게 천하를 평정하고 즉위한 새로운 왕통의 창시자임을 표명했다. '대왕'이라는 기존의 통치권자를 지칭하는 데서 벗어나 '천황'이라는 호칭을 사용하기 시작했다. 일설에는 천황이 덴무라는 위대한 군주 한 사람만을 위해 바쳐진 존칭인데, 이를 후대의 천황들이 군주의 칭호로 삼아 지금까지 이어 내려온 것이라고도 한다. 41대 지토(持統, 지통)는 천황이란 이름으로 등극을 한 첫 번째 왕이 되었고, 그 뒤 역사책『일본서기』를 만들면서 선대 모든 왕에게 천황이란 호칭을 소급해서 붙였다.

이 시대에 '대왕은 신이십니다.'라는 말을 들을 정도의 카리스마를 배경으로 강력한 전제 군주에 의한 통치가 확립되었다. 황후, 황녀 및 황자 등을 정권 중추에 포진시킨 정치 체제하에서 출신법(出身法), 고과(考課) 제도를 통해 기나이 호족층의 관료화를 추진했다. 그는 단 한 명의 대신도 두지 않고, 법관, 병정관 등을 직속으로 두었으며 스스로 정무를 보았다. 황족들을 조정 요직에 등용하기는 했으나 정무를 맡기지 않았고, 대신들의 합의나 동의를 구하지도 않았다. 그는 권력을 완전히 자신에게 집중시킴으로써 일본 역사상 최고의 권력 단일화를 이룩해 냈다.

중앙 집권적 관료 제도 역시 착실히 정비해 나갔는데, 공지공민제를 철저히 정비하고 당나라를 본떠 율령 법전을 만들었다. 또한 황족에 가까운 씨족들에게 새로운 성을 수여하는 8성 제도를 만들어 황족을 중심으로 하는 신분 체제를 확립했다. 이로 인해 중앙 호족들은 점차 국가의 녹봉에 의존하는 귀족 관료로 변모했다.

왕위에 오른 후 관직과 관복을 신라식으로 바꾸었다. 신라객 김압실 등이 덴무 천황으로부터 포상을 받고 신라로 떠나는 기록이 있는데, 신라 장군이 왕위 찬탈의 공을 세운 뒤 신라로 돌아간 것으로 보인다.

또한, 이 시기에 고사기, 일본서기 등의 역사서를 펴냈고, 일본이라는 국명을 자주 쓰기 시작했다. 추고 여왕 시절 수나라 양제에게 국서를 보낼 때 '동쪽의 해 뜨는 나라의 대왕이 서쪽의 해 지는 나라의 천자에게'로 해(日)의 나라라는 용어를 사용한 적은 있으나 일본(日本)이라는 국명이 이때 자주 나타나 덴무 천황 시절 국호가 변경되었다는 이야기가 나온 것 같다. 『고사기』와 『일본서기』 두 사서는 황실 계보인 「제기(帝紀)」와 신화와 전승을 수록한 「구사(旧辭)」를 원본으로 했는데, 앞부분에는 일본의 전통 신화를 수록하고 있다. 특히 『고사기』가 신화와 전설이 풍부하고, 덴무 이전의 천황들이 단순한 권력자로서의 이미지를 지니고 있는 씨족 전승적 형태를 띤 데 비해 『일본서기』는 본격적으로 전제 정권 확립 과정에서 천황의 정통성을 확인시키는 데 주목적을 두고 편찬되었다. 그중에서도 천황가의 시조신 아마테라스 여신은 불교와 일본 신도에 정통해 있던 덴무 천황이 창조한 신이라는 설도 있다.

　그러나 덴무 천황은 전제 군주정으로 가는 모든 위업을 마무리하지 못하고 686년 사망했다. 죽기 전 구사카베 황자를 황태자로 세웠으나 결국 우노노사사라 황후가 지토 천황으로 추대되어 뒤를 이었고, 그가 추진했던 정책들을 마무리했다.

　특히 그는 족보 관련 많은 고문서를 태워 없앴으며 부계 조상에 대한 말을 대단히 아꼈다고 한다. 『홍인사기(弘仁私記)』라는 책의 제왕 계도에 백제왕이 일왕이 된 것은 물론 신라와 고구려부터도 와서 국왕이 되고 민간인도 제왕이 되었다고 기록되어 있어 덴무는 이를 소각했다고 기록되어 있다.

41대
지토(持統, 지통) 천황(재위 690~697)

일본 아스카시대(飛鳥時代, 538~710)의 왕으로 이름은 우노노사라라(鸕野讚良)이다. 제38대 덴지(天智, 재위 668~671)의 딸로 태어났으며, 동생인 오타 황녀와 함께 숙부(叔父)인 오아마 황자(大海人皇子)의 비(妃)가 되었다. 673년 오아마 황자가 제40대 덴무왕으로 즉위하자 왕비가 되었다. 686년 덴무왕이 죽자 섭정(攝政)을 하며, 오타 황녀의 아들인 오쓰 황자를 모반(謀反)의 혐의로 죽이고 자신의 아들인 구사카베 황자(草壁皇子)를 황태자(皇太子)로 삼았다. 하지만 구사카베 황자가 왕위에 오르지 못하고 죽자 690년 자신이 직접 일본의 제41대 왕으로 즉위(卽位)하였다.

일본의 제41대 천황이자 실제로 그 치세를 수행했던 여제이다. 이름은 우노노사라라 또는 우노노사사라(鸕野讚良)이며, 일본식 시호는『속일본기』다이호 3년(703) 12월 17일의 화장(火葬)할 무렵의 오호야마토네코아메노히로노히메노미코토(大倭根子天之廣野日女尊)와『일본서기』의 요로 4년(720년)의 대대의 천황에게 시호를 올리면서 함께 올려진 다카마노하라히로노히메노스메라미코토(高天原廣野姫天皇)가 있다. '지토'라는 시호는 762년경에 오우미노 미후네(淡海三船)가 '계체지통(継体持統)'이라는 숙어에서 따서 올린 시호이다.

천지 천황의 딸이며 천무 천황의 황후이자 소아창산전석천마려(蘇我倉山田石川麻呂)의 외손녀다. 황태자 초벽(草壁)이 일찍 죽은 까닭에 남편인 천무 천황 사후 황손인 7살 경황자를 나중에 즉위시키기 위해 중계 역할로 즉위한 천황이지만, 실질적으로 유능한 통치자였다. 천무 천황의 정책을 계승하여 호적을 작성하고, 율령인 아스카기요미하라령(飛鳥淨御原令)의 제정과 수도 후지와라쿄(藤原京, 등원경)의 조영이라는 2대 사업을 완성하였다. 지통 천황 11년에 경황자인 문무 천황에게 양위하였다. 당시 일본은 신라와 아주 잦은 교류를 하였다. 670년에서 700년까지 오직 신라와만 교류하였다. 이 시기 신라의 견일본사는 21회, 일본의 견신라사는 10회로 30년간 매년 사절이 왕래하였다. 이 시기에 당과는 통교가 없었다.

694년 후지와라쿄(藤原宮)가 완성되자 지토는 아스카 기요미하라 노미야(飛鳥淨御原宮)에서 후지와라쿄로 천도(遷都)하였다.

　　　　　일본 천황 가문은 백제 왕가의 혈통인가

제7부

고사기(古事記),
일본서기(日本書紀) 등 일본의 역사서

『고사기』는 일본의 가장 오래된 역사서로 천무(天武) 천황이 히에다노아레(稗田阿禮)에게 자료가 될 제기(帝紀), 구사(舊辭)를 암기시켰다가 30여 년 뒤에 원명(元明, 겐메이) 천황의 명을 받아 백제인의 후예 태안만려(太安萬侶, 오노 야스마로)가 기록하여 712년에 천황에게 바친 책이라고 한다. 히에다노아레(稗田阿礼)는 천무(天武) 천황(재위 673~686) 때부터 원명(元明) 천황(재위 708~715) 때까지 수대에 걸쳐 조정에 출사한 도네리(舍人)로, 두뇌가 명석하고 기억력이 뛰어나서 천무 천황으로부터 「제기(帝紀)」와 「구사(旧辞)」의 송습(誦習)을 하달받은 사람이었다. 고대 일본의 신화, 전설 및 사적을 기록한 책이다. 일본에서 신대(神代)라 불리는 신화 시대의 천지(天地)의 창조에서 시작해 추고 천황 시대에 이르는 여러 가지 사건과 함께 고대 일본의 많은 노래를 수록했다. 천황을 제신(祭神)과 연결시켜 천황이 가진 정당성과 정통성을 주장하려 했다고 볼 수 있다. 『고사기(古事記)』는 고천원(高天原:하늘의 신이 살고 있는 곳)이라는 말이 많이 사용된 점이 특징적이다.

『일본서기』는 천무 천황의 황자가 총괄하여 신대(神代)로부터 지통

(持統) 천황까지를 편년체(編年體)로 역시 태안만려(太安萬侶)가 기록하여 720년에 완성한 일본 최초의 정사(正史)다. 천무 10년(681) 3월 천무 천황이 조(詔)를 내려 제기(帝紀) 및 상고(上古)의 여러 일을 기록하고 정하게 하였다고 쓰여 있다. 이 천무의 유지는 황후로서 천무의 사후에 즉위한 지토(持統) 여제에게 이어졌고, 또 천무의 아들인 도누리 친왕(舍人親王) 등의 손으로 완성되었다. 천무는 진신의 난으로 조카를 죽이고 즉위한 임금이다. 그러므로 진신의 난을 정당화하기 위해 편찬된 역사서라 해도 과언이 아니다.

천무 왕가는 뒤에 진신의 난으로 왕위를 빼앗겼던 천지 계열로 황위가 넘어가지만 『일본서기』는 계속 보호받고 중시된다. 왜냐하면 천무의 다음 천황들이 모두 천무와도 깊은 혈연으로 얽혀 있기 때문이었다. 천무를 이은 지토 여제는 천지의 딸이었지만 천무의 황후였다. 둘 사이에 나온 아들인 쿠사카베 황자가 일찍 사망하는 바람에 41대 천황으로 즉위했다. 지토 여제는 즉위 10년 만에 쿠사카베 황자의 아들인 문무(文武)에게 양위하여 문무는 42대 천황으로 즉위한다. 문무 사후에는 문무의 어머니 원명(元明, 겐메이)이 즉위하는데 원명 여제는 지토 여제의 이복 동생이자 천지의 셋째 딸이다. 천무 다음으로 황후, 손자, 며느리가 차례로 황위를 이었다.

태안만려(太安萬侶, 오오노 야스마로)는 백제에서 태어났다. 663년 네 살의 나이로 어머니와 함께 난선에 실려 왜 나라로 건너가 아버지의 동생인 오오노오미 혼지의 양자가 되었다. 아버지는 계백 장군의 부하로 황산벌 전투에 참가하여 전사한 무장이었다. 오오노오미 혼지는 '진신의 난' 때 오오아마(大海人: 40대 天武天皇) 황자 편에 서서 백제 유민들이 이룩한 오오미(近江)의 망명 왕도를 초토화시키며 혁혁한 공을 세운 일등공신 무장이었다. 야스마로는 백제 멸망 후 백제 유민들이 가지고 간 백제의 역사서 3서, 즉『백제기』,『백제신찬』,『백제본기』를 연구하여 당대 제일의 사학자가 되었다.『백제기』와『백제신찬』은 신화와 전설적인 내용을 기재하고 있었으나『백제본기』만은 말자와 간지(干支)가 확실하게 기록된 실록(實錄)의 사서(史書)로 귀중한 자료였다. 야스마로가 죽은 지 74년 후인 797년 50대 간무 천황(桓武天皇) 16년에『일본서기』의 후속 역사서인『속일본기』 40권이 백제 사람 오오진니(王辰爾) 후손인 관야조신진도(管野朝臣眞道, 스가노노아손 마미치)에 의해 편찬되었다. (『가야가 세우고 백제가 지배한 왜국』이봉화)

『고사기』와『일본서기』를 완성시킨 태안만려(太安萬侶)는 사후 왕실로부터 환영을 받지 못한 모양이다. 그의 묘지는 1979년 1월 나라시의 어느 노인의 차밭에서 우연히 발견되었다. 41자로 된 명문에는 '태조신안만려(太朝臣安萬侶, 太는 姓이고 朝臣은 관직의 품계, 安萬侶는 이름)'라고 이름 외 거주지와 직위, 사망 연월일 등이 기록되어 있었다. 왜 왕실은 귀족들의 반발 때문에『고사기』를 30년 걸려 완성했으나 그 내용이 마음에 들지 않아『일본서기』를 태안만려(太安萬侶)에게 다시 쓰도록 명령했다. 왜 왕실이『고사기』와『일본서기』를 편찬한 의도는 역사적인 사실의 기술보다는 새로운 왕조의 왕권 강화에 더 큰 목적이 있었다고 한다. 그런 까닭에 태안만려(太安萬侶)는 대작을 완성하고 나서도 귀족들이나 왜 왕실에서 계륵(鷄肋)의 신세가 된 것이 아닐까?

『속일본기(続日本紀)』는 일본 律令 시대의 正史인 六國史의 하나다. 헤이안 시대 초기 편찬된 칙찬*사서(勅撰史書)로 문무 천황 원년(697년)부터 간무 10년(791년)까지 95년간의 역사를 다루고 있는데, 간무 16년(797년)에 관야진도(菅野真道, 스가노 마미치) 등이 완성하였다. 편년체**, 한문으로 쓰였고, 나라 시대를 연구하는 기본 사료가 되고 있다.

『신찬성씨록(新撰姓氏錄)』은 간무 천황이 쓰기 시작하다 세상을 뜨자 간무 천황의 5왕자인 만다친왕(萬多親王, 788~830) 등이 815년 편찬, 1,182개 성씨의 인물을 일목요연하게 정리한 일본 고대 씨족의 일람서다. 모두 3부로 되어 있는데, 1부는 천황, 황자의 후손이라는 황족(皇別), 2부는 천신지신의 후예라는 신별(神別), 3부는 한국과 중국 사람의 조상을 가졌다는 번족(諸蕃)으로 구분해 놓았다.

일본 왕실이 『고사기』와 『일본서기』를 편찬한 의도는 역사적 사실의 기술보다는 우가야와의 관계를 끊고 새로운 왕조의 왕권 강화에 목적이 있었기 때문에 신무 천황 이전 73대 동안 계속되었던 우가야의 역사를 말살시키기 위한 왕실의 음모가 포함되어 있다는 얘기가 있다. 또한 일본서기를 편찬하는 과정에서 일본의 호족 문벌들의 기록을 모조리 몰수하여 가문에 전해오는 열도 상륙 신화를 천황의 신화에 흡수시키거나 아예 없애 버렸다. 이런 이유로 인하여 일본 가문에는 가문 특유의 시조 신화가 없으며 수많은 신화가 모두 천황가에 흡수되어 천황에게 초점이

---

* 칙찬(勅撰): 명령에 따라 책을 엮음.

** 편년체: 연월일 순으로 기록

일본 천황 가문은 백제 왕가의 혈통인가

맞추어져 있다. 천황가의 만세일계를 위하여 명문 귀족은 시조를 버려야 했으며, 천황가는 성씨를 버려야 했다. 천황은 같은 씨, 같은 가문이기 때문에 성씨가 필요 없고, 가문은 천황이 바뀔 때마다 정치적 위상도 달라져 성씨가 변하거나 새로 생겨났다. 그 때문에 수많은 성씨가 존재하지만 성씨의 유래를 알 수 있는 시조 신화는 없다.

일본에는 가문이나 조상을 위한 제사가 없다. 족보도 없다. 족보와 제사가 없기에 종가도 없으며 성씨에 대한 애착이 없어 필요하면 만들고 필요 없으면 버린다. 그리하여 일본의 성씨는 20만 개가 넘는다. 읽는 방법도 사람에 따라 다르다. 법칙도 원칙도 기본도 없이 습관에 따라 읽는다. 가문의 신을 모셨던 신사는 국가의 소유가 된 지 오래다. 이런 이유로 일본인들은 성씨에 대한 애착이 없어 신도에 의지하며 자신의 일생 명운을 맡기는 것이다.

(『부여 기마족과 왜(倭)』, 존 카터 코벨, p23) 일본의 신토가 한국의 무속에 그 뿌리를 두고 있음을 아는 일본인은 드물다. 한국 무속은 일본에 가서 미화되고 일왕 숭배 사상과 결합했다. 반면 한국에서는 유교 지배 계층과 기독교 선교사들에 의해 비천한 것으로 격하됐다.

백제 근초고왕과
왜 나라

『일본서기』흠명 2년 4월 기록에 근초고왕의 남방 정책을 언급하고 있다.

> "성명왕(聖明王)이 말하길 옛 나의 선조(先祖) 속고왕(速古王), 귀수왕(貴首王)의 치세에 안라국(安羅), 가라(加羅), 탁순 한기(卓淳 旱岐) 등에게 처음 사신을 보내 통하였다. 두텁게 연결되어 친목을 다지니 (그들이) 자제(子弟)가 되어 서로 융성하길 바랐다.…(후략)"

364년, 갑자년에 근초고왕은 구저, 미주류, 막고 세 사람을 탁순국에 보냈다. 『일본서기』에 따르면 여기서 탁순국 왕에게 '야마토'로 가는 길을 물어보았다가 완곡하게 거절당했다고 하지만, 실제로는 정보를 수집하고 각 소국과 교섭을 시도하는 등 사전 정지 작업을 시행한 것으로 보인다. 366년, 시마-노-스쿠네라는 야마토 측 인사가 탁순국 왕과 만나 이상과 같은 백제의 움직임을 접하게 되었다. 시마는 내친김에 종자 이하이와 탁순 사람 과고 두 사람을 백제로 보냈는데, 근초고왕은 이들을 후하게 대접하며 오색 비단과 각궁 화살 및 철정 40매를 이하이에게 주었다. 또 보물 창고를 열어서 여러 진기한 것들을 보여 주었는데, 이것은 백제의 경제력을 과시하며 야마토를 낚아보려 한 것이다.

367년, 이번에는 근초고왕이 보낸 구저, 미주류, 막고가 신라의 사신과 함께 야마토에 도착했다.

야마토를 용병으로 써서 남방을 평정한 이후 백제에서는 구저를, 야마토에서는 지쿠마 – 노 – 나가히코를 보내는 등 사신 왕래가 이어지다가 372년에 이르러서는 칠지도와 칠자경이 왜 나라로 건너갔다. 고사기에는 아직기가 야마토로 건너와 천자문과 논어를 가르친 시기를 이때라고 한다.(근초고왕 – 나무위키)

『일본서기』진구 황후편에 다음과 같은 기록이 있다.

"함께 탁순국에 모여 신라를 격파하고 비자발, 녹국, 안라, 다라, 탁순, 가라 7국을 평정하였다. 또 군대를 몰아 서쪽으로 돌아서 고해진에 이르러 남만 침미다례를 도륙하여 백제에 주었다. 이에 백제왕 초고와 왕자 귀수가 군대를 이끌고 와서 만났다. 이때 비리, 벽중, 포미, 지반, 고사의 읍(혹은 비리, 벽중, 포미지, 반고의 4읍)이 스스로 항복하였다. 이 부분은 일본서기에서 진구 황후의 업적으로 쓰여 있으나 김현구 등 한국 측 사학자들의 분석으로 이 정벌의 주도권자를 백제의 근초고왕으로 보는 주체 교체론이 크게 대두되고 있다.

속고왕, 귀수왕 때 처음 사신을 보냈다는 안라국(安羅), 가라(加羅), 탁순 한기(卓淳 旱岐) 등은 어디에 있던 나라들인가? 진구 황후가 평정했다는 비자발, 녹국, 안라, 다라, 탁순, 가라 7국은 어디에 위치했는가? 함께 탁순국에 모여 격파했다는 신라는 어느 곳의 신라인가? 남만 침미

다례는 어디에 있었는가?

(1) 탁순(卓淳)

한국음으로 탁순[tak-sun]이며 일본음으로 다꾸준(タクジェン)이지만, 이 卓淳이 欽明 5年紀에는 喙淳으로 표기되어 있기도 하여 일반적으로 借音(차음)에 의한 'taku-tsun/toku-tsun'의 표기로 이해되고 있다. 이 卓淳은 규슈의 有明海(유명해, 일반적으로 築紫海(축자해)라고 부름)의 북안 多久(다구)에 비정된다.

(2) 비자발(比自㶱)

비자발(比自㶱)은 일지벌(日之伐(火)), 즉 日之野(일지야)의 의미인데, 옛 문헌에도 '日野(ヒネ)'는 '日地(히늬) ヒナタ'라고 하였다.(『和名抄』 6:21) 그러므로 卓淳(탁순), 즉 규슈의 多久(다구)에 모인 百濟·倭 연합군이 맨 처음 토벌한 지명이 비자발(比自㶱)이므로 多久를 중심으로 하여 日野 혹은 日地의 뜻을 가진 곳을 찾아야 한다. 그런 곳이 두 군데 있으니 日田[hita]과 櫛原(즐원, kusi-hara)이다. 日田[hita]市는 多久[taku]와는 너무 먼 거리에 있는 반면, 久留米[kurume]市의 동남방에 거의 인접한 위치에 櫛原[kusi-hara]市가 있어 比自㶱은 여기에 비정된다. '櫛'을 일본어로 クシ라 하는데 クシ(구시), クサ(구사)는 ヒ(日)와 같은 의미이기 때문이다.

(3) 탁국(喙國)

도꾸노쿠니(トクノクニ)로 읽는 이 喙國은 卓淳(탁순, タクジェン)이나

「欽明紀」5년(544년)의 喙淳(록순, トクジェン)과는 다르다.

① 欽明 2년(541년) 4월조에 나오는 글이다.

任那境接新羅. 恐致卓淳等禍.(等謂喙己吞 加羅. 言卓淳等國. 有敗亡
之禍)

임나의 경계가 新羅와 접해 있어서 卓淳 등이 화를 입을까 두렵다.
(等이라 함은 喙己吞(탁기탄) 加羅(가라)를 말한다. 卓淳 등의 나라가 패망
할 화근을 가지고 있다는 것을 말한다.)

② 欽明 5년(544년) 3월조에 나오는 글

新羅春取喙淳 仍擯出我久禮山戌, 而遂有之. 近安羅處, 安羅耕
種. 近久禮山處, 斯羅耕種. 各自耕之. 不相侵奪

신라가 봄에 喙淳을 뺏고 우리 久禮山(구례산)의 戌(술)자리를 쫓아
서 드디어 점령하였다. 羅處(라처) 가까운 곳에는 安羅(안라)가 경작
을 하고 久禮山 가까운 곳에는 新羅(원문에는 斯羅로 나옴)가 경작하
고 있다. 각자 경작하여 침탈하지 않았다.

③ 欽明 5년(544년) 3월조에 나오는 글

夫喙國之滅, 匪由他也, 喙國之函跛旱岐, 貳心加羅國, 而內應新
羅, 加羅自外合戰. 由是滅焉. 若使函跛旱岐, 不爲內應, 喙國離少,
未必亡也. 至於卓淳, 亦復然之. 假使卓淳國主, 不爲內應新羅招

寇, 豈至滅乎. 歷觀諸國敗亡之禍. 皆由內應貳心人者

喙國(탁국)이 망한 것은 다른 까닭이 아니라 喙國의 函跛旱岐(함파한기)가 加羅國(가라국)에만 딴 마음이 있어 新羅에 내응하여 加羅(전후 문맥상 加羅, 즉 任那聯邦(임나연방)을 지칭)는 밖으로부터의 싸움과 합쳐 싸워야 했다. 이것 때문에 망한 것이다. 만약 函跛旱岐(함파한기)가 내응하지 않았더라면 喙國은 비록 소국이지만 망하지 않았을 것이다. 卓淳의 경우도 또한 그렇다. 만일 卓淳國의 왕이 新羅에 내응하여 원수를 불러들이지 않았더라면 어찌 멸망에까지 이르렀겠는가? 諸國(제국)이 패망한 화를 살펴보니 다 내응한 것과 두 마음(딴 마음)이 있는 사람에 의해서였다.

①의 卓淳·喙己呑, ②의 喙淳, ③의 喙國·卓淳(國)의 예를 검토해 보면 卓淳(탁순)＝喙淳(탁순), 그리고 喙國(탁국)＝喙己呑(탁기탄)임을 알 수 있게 된다. 卓/喙이 tak→taku/tok→toku로서 韻尾(末音形態素)[k-]가 外破하여 [-u]가 첨가된 형태일 뿐, 모두 '山'의 고어인 '닭(닥/독/달구/달)' 등을 音寫(음사)한 다른 표기에 불과하다. 그런데 喙을 일명 喙己呑이라 한 것은 '喙의 谷(고을/마을/郡)'을 의미하는 것이며 여기서 '己'는 다른 뜻이 있는 게 아니라 두 낱말을 이어주는 接辭인데 'ㄱㅇㅇ'이 서로 통하는 관계로 결국 '己'는 [기－이] 通用에 따라 '탁기탄＝탁이탄'으로 되며, 이때 '이'는 한국어의 관형격조사인 '－의'에 대한 습관적 방언이다. 이 喙國, 혹은 喙己呑을 지금의 武雄(무웅, takeo)市 일대에 비정한다. 왜냐하면 take－o(武雄)는 take－no/take－ro의 略形(약

형)으로, [no(ro)]는 [na]와 한가지로 狹義(협의)의 土/地, 廣義(광의)의 國에 해당하는 말이기 때문인데, 여기서 [take-]나 [toku(喙)]가 역시 山의 의미인 '닭〉닥(多久)/탁(卓淳)/독(押督)/달구(達句火)/돌(押梁)/달(月山: 二重表記)'이다. [takeo]는 [tak-e-no]의 略形으로 '닥(山)-에(의)-땅(地)'이란 뜻이며, 그런 점에서 '喙淳'과도 유사한 의미의 지명이다.

(4) 안라(安羅)

阿羅(아라), 阿那(아나)가 같은 지명의 異表記(이표기)이듯이 일본에서도 安羅, 安耶, 安那 등으로 표기만 약간 다를 뿐 같은 명칭으로 보는 것은 '羅, 耶, 那'가 땅(土/地)을 의미하는 말로서 다 같은 의미인 까닭이다. 그런데 발음은 같고 표기만 다른 '穴(아나)'란 지명이 일본의 곳곳에 산재해 있다. 일본 땅의 곳곳에 산재한 '아라'나 '아나' 중에서 卓淳, 즉 多久를 백제, 왜 연합군의 집결지로 하여 출발한 규슈 내에서 찾아야 할 것인바, 이 安羅는 찌쿠고천(築後川)을 경계로 그 동편으로 진격한 백제, 왜 연합군의 원정군 중 그 일파가 맨 처음 공취한 比自㶱(비자발, 久留米의 동남쪽 '櫛原'에 비정)에서 더 깊숙이 동남방을 향해 약간 아래쪽으로 군사를 이동시켜 內田川(내전천)의 상류에 해당하는 '穴川'까지 공취한 것으로 보아 여기에 비정된다.

(5) 다라(多羅)

이 多羅[tara]계 지명은 한국어 '들(〈드르/드라: 野)' 내지 '달(達)=山'과 관련된 명칭으로 보는 것이 합당할 듯하다. 여기서 '多羅'는 肥前國(비전국, 히젠국)의 築紫海(일명 有明海)에 면한 '多良'에 비정된다. 다케오(武雄)

가 '喙國'에 비정된다면 거기서 동남방으로 가시마(鹿島)를 거쳐 아래로 내려가면 太良[tara], 多良[tara], 田原[tahara]의 지명들이 연이어 나오고, 마침내 多良中山과 多良山(岳)이 남쪽을 가로막고 선 이 지역 일대에 해당한다.

(6) 가라(加羅)

「神功紀」의 이 加羅는 기타큐슈의 東松浦(동송포, 히가시마츠우라) 반도와 糸島(사도, 이토시마) 반도 사이의 唐津灣(당진만, 가라쓰만) 연안에 면한 이토시마반도의 '唐津(からつ)'에 비정된다. 玄海灘(현해탄)에 면하고 이끼(壹岐)섬을 앞에 둔 이토시마반도는 이도郡과 시마郡이 합쳐서 생긴 고을이다. 이토시마군 마에바루정(前原町) 일대는 가야산 등 가야, 가라와 관계되는 지명이 많이 있다. 또 좁은 지역에 밀집된 근 40기에 달하는 우두머리급 무덤인 전방 후원분이 있고, 산허리를 이용해서 축성한 조선식 산성 라이산(雷山) 산성이 있는 곳이다.

(7) 고해진(古奚津)

일본식 讀音으로 [コケツ(고게쓰)]라고 읽는 이 지명은 어원상으로 보면 한국어 고개(峴/峙: 일본식 한자인 峠(상)에 해당)와 비교되는 지명으로 판단된다. 轉音(전음)되는 중간 단계로서 'クブ(陸/丘, kuga)'와 뜻이 같은 コオカ(古丘/高岡, ko-oka)가 古賀[koga]로 변경 표기되었다고 본다. 古賀라는 지명을 규슈 안에서 찾아보니 지금의 '肥前古賀'(히젠코가)에 비정된다. '多良見'(다량견, 타라미쬬)을 지나 八郞川 유역에 위치한 '肥前古賀'가 그곳이다.

일본 천황 가문은 백제 왕가의 혈통인가

(8) 남만 침미다례(南蠻 忱彌多禮)

トムタレ(忱彌多禮)라고 읽는다. 忱은 본래 '믿을 침(信也, 본음: 심)' 字로서 이의 일본식 音은 [シン]이요, 訓은 'まこと(誠實)'인데 왜 [ト(to-)]로 읽는가? '多禮'는 '山'의 뜻인 '達[tal/tar/tara]'의 音을 轉寫(전사)한 것이라는 설이 지배적이다. '南蠻'이란 위치는 고해진(古奚津)으로부터 南方에 해당하는 kara계의 이주자들이 집단으로 거처하는 지방에 비정되어야 할 것이다. 'ト'는 島(トウ), 'ム'는 霧(ム), 'タレ'는 達(=多禮=山)로서 再構(재구)해 볼 수 있고, 바로 이 '島霧達'(도무달)의 音을 轉寫한 이른바 代替 表記字(대표 표기자)가 '忱彌多禮'였다고 보면 모든 의문이 해소된다. 요컨대 '島霧達'은 백제, 왜 연합군이 상륙한 古奚津(肥前古賀에 비정)을 치고, 여기서 다시 八郎川을 통해 入海하여 千千石灣(천천석만)을 건너 도착한 시마바라(島原)반도의 '雲仙岳(운선악, ウンゼンータケ)'의 형상을 형용한 표현이었다고 해석된다. 즉 섬에 솟아 雲霧(운무)로 가득한 山, 그것을 표현한 말이 다름 아닌 '島霧達'이었다.

⇒ 상기 (1)에서 (8)까지의 모든 비정은 김문배/김인배, 역설의 한일 고대사『任那新論』p316~359에서 발췌한 것임. 본문의 내용을 축약해서 발췌하다 보니 내용이 일부 훼손된 부분이 있을 수도 있습니다. 그런 부분이 있다면 모두 발췌자의 잘못이니 원문을 반드시 찾아보시기 바랍니다.

「卓淳」

(東西 兩軍의 최초 집결지)

(동군 경로)「卓淳」→ 比自㶱 → 安羅 ――――――(회군) → 卓淳(재회동)

(서군 경로)「卓淳」→ 南加羅 → 㖨國 → 多羅――(회군) → 卓淳(재회동)

(재회동 후) → 加羅 → 移兵, 西廻至 古奚津 → 屠南蠻忱彌多禮

백제・왜 연합군의 신라 칠국 평정 및 원정군의 이동경로

동정군 진로
서정군 진로
동・서 양군 합동작전
해상 합동작전 경로

칠지도(七支刀)

백제의 왕위는 크게 온조계와 비류계로 나누어진다. 1대 온조로 시작하여 7대 사반왕까지 온조계로 계속 내려왔으나 사반왕은 즉위하자마자 폐위되고, 비류의 후손인 고이왕이 8대로 즉위한다. 이후 9대 책계왕과 10대 분서왕까지 비류계가 이어 가다가 11대는 다시 온조계인 비류왕으로 바뀐다. 12대는 다시 비류계인 계왕이 즉위했으나 3년 만에 병사함으로 다시 온조계인 근초고왕으로 바뀌게 된다.

1대 온조왕 – 2대 다루왕 – 3대 기루왕 – 4대 개루왕 – 5대 초고왕 – 6대 구수왕 – 7대 사반왕 – 8대 고이왕(비류계) – 9대 책계왕 – 10대 분서왕 – 11대 비류왕(온조계) – 12대 계왕(비류계) – 13대 근초고왕(온조계) – 14대 근구수왕

13대 근초고왕은 비류왕의 둘째 아들로 고구려 광개토왕, 신라의 진흥왕과 비견될 정도로 백제를 아주 부강한 나라로 만들었다. 당시 중국 대륙의 요서, 진평까지 백제가 차지하고 있었다는 기록이 송서(宋書), 양서(梁書)에 남아있다. 근초고왕 시절 평양을 쳐서 고구려의 고국원왕이

전사하기도 했다. 이때의 평양은 요동에 있던 평양(지금의 요양시)이었다. 『일본서기』와 『고사기』에는 근초고왕 시기에 왕인과 아직기가 왜 나라로 건너가서 논어와 천자문을 비롯한 경(經)과 사(史)를 전달했다는 기록이 있다. 이 근초고왕 시절인 370년에 칠지도를 왜 나라 후왕에게 하사했다고 전해진다.

칠지도(七支刀) 이야기 – 석야 신웅순(출처: 동아일보, 2015.1.19. 노중국 교수 제공)

칠지도는 일본 나라현(奈良縣) 덴리시(天理市) 이소노카미(石上) 신궁에 보관 중이며 1953년 일본 국보로 지정되어 있다. 1874년 신궁 대궁사(大宮司)로 있던 스가 마사모도가 발견했고, 1892년 도쿄 대학의 호시노 히사시 교수가 『일본서기』에 등장하는 칠지도라고 주장하였다. 그런데 『일본서기』의 칠지도는 '七枝刀'인데 반해 이소노카미 신궁에서 발견된 칠지도는 '七支刀'라 서로 다른 것이라는 견해도 있다.

일본의 많은 학자는 백제 왕과 세자가 왜왕의 뜻을 받들어 만들어 바친 것이라는 억지 해석을 하였지만 대부분 학자는 한반도의 백제가 야마토 왜왕에게 칠지도를 하사한 것으로 해석하였다. 교토대 우에다 마사아키(2013년 3월 88세로 별세) 명예 교수는 왜왕에게 보낸 칼 '칠지도'와 관련된 논쟁에서 문헌상 서법이 하행 문서 형식이므로 왜왕에게 '하사'한 것이지 '헌상'한 게 아니라고 분석한 대표적인 학자였다.

[앞면] 泰□四年五月十六日丙午正陽 造百練鋼七支刀 豈辟百兵

일본 천황 가문은 백제 왕가의 혈통인가

宜供供侯王 □□□□作

(태□사년오월십육일병오정양 조백연철칠지도 개피백병 의공공후왕 □□□ □작)

[뒷면] 先世以來 未有此刀 百濟王世子奇生聖音故爲倭王旨造 傳 示後世

(선세이래 미유차도 백제왕세자기생성음고위왜왕지조 전시후세)

泰□의 태(泰)를 太의 오기라고 주장하는 사람들이 있다. 太和는 진 나라의 연호로 太和 4년이 369년이기 때문이다. 또한 백제가 담로를 가 진 황제의 나라라 백제 자체의 연호를 사용한 것이라는 해석도 있다. 당 시에 황태자란 말은 있었지만 王世子란 용어는 사용하지 않았으므로 왕 과 세자를 표현한 것이라는 견해도 있다. 또 爲＋직책일 경우 책봉하다 (冊)고 해석하므로 백제 왕과 세자가 기생이라는 이름을 가진 수장에게 왜왕으로 책봉한다고 해석하기도 한다. 奇生聖音은 왕세자의 이름이 아 니라 기생이 이름이고 성음(聖音)은 소국의 수장을 가리킨다고 얘기하는 학자가 있다.

◆ 1993. 5월 소진철 교수의 해석

　　[앞면] 태□4년 □월 16일 병오일 정오에 무쇠를 백 번이나 두들겨서 칠지도를 만든다. 이 칼은 백병(재앙)을 피할 수 있다. 마땅히 후왕(旨 를 가리킴)에게 줄 만하다.

[뒷면] 선세(先世) 이래 아무도 이런 칼을 가진 일이 없는데, 백자왕(百慈王)은 세세로 기생성음(奇生聖音: 길상어)하므로 왜왕 지(旨)를 위하여 만든다. 후세에 길이 전할 것이다.

◆ 우에다 마사아키(上典正昭) 교수의 해석

[앞면] 태화 4년(서기 369년) 6월 11일 병오날 정양 때에 무수히 거듭 담금질한 쇠로 칠지도를 만들었노라. 모든 적군을 물리칠 수 있도록 후왕(侯王)에게 보내주도다.

[뒷면] 선대 이래로 아직 볼 수 없었던 이 칼을 백제왕과 (구수)세자는 성스러운 말씀으로써 왜왕을 위해 만들어 주는 것이노라. 후세에까지 잘 전해서 보여주도록 하라.

『任那新論』의 공동 저자 두 분은 달리 다음과 같이 해석을 하고 있다. (『任那新論』 p436~466에 나와 있는 김인배·김문배 공동 저자의 설명을 요약 발췌한다.)

『일본서기』 신공황후기 51년에 백제 근초고왕과 황태자(근구수왕) 이야기가 나오고, 52년에 칠지도(七枝刀) 한 자루와 칠자경(七子鏡) 한 개를 비롯하여 귀중한 보물을 받았다는 구절이 나온다.

『日本書紀』卷九神功皇后攝政五十二年 (壬申二五一) 九月丙子 《十》◆五十二年秋九月丁卯朔丙子。久氐等從千熊長彥詣之。

則獻七枝刀一口。七子鏡一面。及種種重寶。仍啓曰。臣國以西
有水。源出自谷那鐵山。其■七日行之不及。當飮是水。便取是山
鐵。以永奉聖朝。

신공 52년이면 252년에 일어난 일이다. 직역해 보면 "구저 등이 찌
꾸마나가히꼬(千熊長彦)를 따라 (야마토 조정에) 왔다. 칠지도 1구, 칠자경
1면 및 중요한 보물을 바치면서 말하기를 '신의 나라의 서쪽에 강이 있
는데, 그 강물의 원천은 곡나(谷那)의 철산(鐵山)에서 나옵니다. 그곳은
멀어서 7일을 가도 빠듯합니다. 마땅히 이 물을 마시고(즉 이 물맛을 보고)
이 산의 철을 채취하여 길이 聖朝(야마토 조정)에 바치겠습니다'라고 하였
다."

① 신의 나라는 백제를 말하는데, 한반도의 백제가 아니라 규슈에
   있었던 '구다라 백제'로 보아야 한다. 한반도 백제의 서쪽에는 강
   이 없고, 한국에는 곡나(谷那)라는 지명이 없다.

② 물맛을 보고 철광분 등이 산화, 용해되어 있는 현상을 식별하여
   채철하는 방법을 얘기하는데, 이것은 사철 산지에 해당한다. 한
   국에는 매장된 철광석을 채취하는 철산은 있으나 이런 사철 산지
   는 없다.

③ 여기서 신의 나라 백제는 한반도의 백제 분국인 규슈 유명해(有明
   海)의 동안(東岸)에 있었던 '구다라(百濟)'이며, 곡나(谷那)는 곡(谷)

의 땅(那), 즉 골짜기의 땅이란 의미로서 규슈 最古最大의 製鐵遺跡群인 小垈山 골짜기 땅이 바로 그곳이며 강의 이름은 지금의 세키가와(關川)다.

④ 칠지도에 새겨진 명문과 그 해석이다.

[앞면] 泰□四年五月十六日丙午正陽 造百練鋼七支刀 豈辟百兵
宜供供侯王 □□□□作

(태□사년오월십육일병오정양 조백연철칠지도 개피백병 의공공후왕 □□□
□작)

→ 泰□四年五月十六日 丙午正陽에 /百練鋼의 칠지도(七支刀)를 만들었으니/(이는) 나아가 百兵을 부르는(呼出: 辟=徵) 것이기에/마땅히 후왕(侯王)에게 공급할 만하다./□□□□作

[뒷면] 先世以來 未有此刀 百濟王世子奇生聖音故爲倭王旨造 傳示後世

(선세이래 미유차도 백제왕세자기생성음고위왜왕지조 전시후세)

→ 先世 以來로 아직 이런 칼은 없었다./百濟(慈?)王(규슈의 구다라왕)은 世世토록 聖音(성스러운 그늘(陰德): 한반도 백제 고이왕의 聖德)에 기탁해 살았다.(奇生)/그러므로 왜왕이 된 뜻으로(혹은 왜왕을 위한 뜻으로) 만들었으니/후세에 전하여 보일지어다.

일본 천황 가문은 백제 왕가의 혈통인가

좀 더 쉽게 해설해 보면,

– 백련철의 칠지도를 만들었다고 했는데, 그 재료의 산지는 일본 내의 곡나(谷那) 철산이다.

– 만든 칼은 실물에서 보듯이 전쟁에서 실제 살육을 위해 사용할 목적이었던 것이 아니라 '百兵을 이 칼의 위엄 아래 불러 모으는 용도로 제작한 것이기에 마땅히 후왕(侯王)에게 권위의 상징으로 줄 만한 것이다.'라는 의미이다.

ⓐ …故로 倭王이 된 뜻으로 만들었으니…로 해석하면 '百濟(慈?)王(한반도 백제의 旁屬國인 규슈의 구다라왕)은 백제 왕의 聲音에 기탁하여 살았던 고로 (이제) 왜왕이 된 뜻으로 만들었으니…'와 같은 내용이 된다.

ⓑ …故로 倭王을 위하여 만들었으니…로 해석하면 '(한반도 백제의 旁屬國인) 구다라왕(百慈王)은 백제 왕의 聲音에 기탁하여 살았던 고로 왜왕(기나이 야마토 왕)을 위하는 뜻으로 만들었으니…'와 같은 내용이 된다. 어느 쪽을 취하든 칠지도 제작의 주체자는 규슈의 구다라왕이었으며, 제작 장소는 小垈山(谷那 철산)의 제철 유적지, 재료는 그곳에서 산출되는 사철이었다.

ⓐ로 해석하면, 韓地 백제의 전진 기지인 규슈의 분국 백제(구다라) 왕을 왜왕이 되게 했다는 뜻(旨)으로 칠지도를 제작, 기나이 야마토왕을 그 후왕으로 삼았다는 것을 공표하는 하나의 신표였

다는 내용이다.

ⓑ로 해석하면 한반도 백제에서 기나이 야마토왕을 왜왕으로 인정, 책봉하는 의식의 한 물증으로 칠지도를 제작하여 보냄으로써 차후 규슈의 구다라 세력과 영구히 通交하며 우호 관계를 유지할 것을 당부하는 내용이 된다.

- 神功 49년(249년, 백제 고이왕 16년)에 韓地의 백제가 규슈에 직접 진공해 와서 기나이 야마토와 백제, 왜의 연합군을 결성하여 시라기 7국을 평정한 다음 규슈의 대부분의 땅, 즉 海西諸韓을 백제가 차지한 사건의 일환으로서 그 현지의 구다라왕을 왜왕으로 삼았다는 뜻이다.

　　　　　　　일본 천황 가문은 백제 왕가의 혈통인가

제8부

일본 역사 속
천황들 이야기

일본에서는 세계 2차 대전에서 패배할 때까지 천황은 아마떼라스오미까미(天照大神)에서 시작하여 한 계통으로 계승된 이른바 '만세일계(萬世一系)'의 신성한 군주라고 전해졌고 또 믿어왔다. 패전 후 학문의 자유가 허용되자 1952년 와세다 대학 미즈노 유우(水野祐) 교수가 '만세일계가 아니다. 세 번 교체되었으며 현 천황가는 26대 게이따이 천황부터 시작되는 세 번째 왕조에 속한다'는 삼왕조 교체설을 주장하여 큰 반향을 일으켰다. 지금의 일본 황실은 게이타이 천황의 후예라는 것이다.

일본이 '만세일계' 혈통의 첫 왕으로 떠받드는 유명한 진무(神武, 신무)왕에게는 규슈에서 동쪽의 나라로 동정(東征)했다는 이야기가 따른다. 이 사실은 바로 부여족의 왜 정벌을 나타낸다. 8세기에 와서 기록에 나선 일본 사가들에게 문자가 등장하기 이전 일본 역사란 까마득한 것이었다. 이들은 진무왕의 거사를 서기전 660년의 일로 돌려놓았다. 그 당시라면 왜는 석기 시대를 벗어나지도 못하다가 서기전 300년대에나 와서 한국인들의 도래로 논농사와 청동기 금속 시대로 진입할 수 있었다. 한국은 서기전 4세기 이전에 이미 이러한 문명을 갖고 있었다. 어느

나라나 초기의 역사 기록은 오랜 옛날 개국이 이루어졌음을 역설하고
있으며 일본도 예외는 아니었다.

그러나 일본에 처음으로 중앙 집권 체제가 등장한 것은 한반도에서
건너온 부여족의 통치에 의해서이다. 부여족 출신 오진(應神, 응신)왕 이
전 왜국은 느슨한 부족 사회로 그 중 강력한 우두머리가 비옥한 농경 지
대인 야마토, 혹은 나라 일대를 다스렸다. 중앙 집권 개념의 '국가'는 미
처 형성되지 않은 상태였다. 레저드 교수에 따르면 부여족이 일본을 통
치한 시기는 서기 369년부터 506년까지이며 이는 15대 오진왕(일명 호
무다왕자)대부터 26대 게이타이(繼體)왕 이전에 이르는 것이다. (『부여 기
마족과 왜(倭)』존 카터 코벨, 김유경 편역, p33, 37, 38)

사서에 처음 등장하는 일본 지역의 군주는 중국『삼국지(三國志)』「위
지 동이전(魏志 東夷傳)」에 나타나는 야마타이(邪馬台)국의 히미코(卑彌呼)
여왕이다. 야마타이국은 규슈 일대에 있었던 것으로 추정된다. 히미코
는 239년 위(魏) 명제(明帝)에게 조공을 바치고 친위왜왕(親魏倭王)이라는
칭호를 받았다. 이로부터 약 180년 후『송서(宋書)』「왜국전」에 왜왕들의
이름이 다시 등장한다. 찬(讚), 진(珍), 제(濟), 흥(興), 무(武)가 그들이다.
이때 왜국의 조정은 기나이(畿內)에 있었다. 그들은 차례대로 송나라에
조공을 바치고 칠국제군사안동대장군 등의 칭호를 받았다.
먼저 438년 왜왕 진(珍)이 사신(使臣)을 보내 공헌(貢獻)하고 자칭(自
稱) 사지절도독왜백제신라임나진한모한육국제군사안동대장국왜국왕(使
持節都督倭百濟新羅任那秦韓慕韓六國諸軍事安東大將軍倭國王)이라며 제정(除

正)을 요청하여 안동장군왜국왕(安東將軍倭國王)에 제수(除授)되었다. 451년에 왜왕 제(濟)가 사지절도독왜신라임나가라진한모한육국제군사안동장군(使持節都督倭新羅任那加羅秦韓慕韓六國諸軍事安東將軍)에 제수(除授)되었고 462년에는 왕세자(王世子) 고오(興)가 안동장군왜국왕(安東將軍倭國王)의 작호(爵號)를 제수받았다.

478년 왜왕 부(武, 무)가 입(立)하여 자칭(自稱) 사지절도독왜백제신라임나가라진한모한칠국제군사안동대장군왜국왕(使持節都督倭百濟新羅任那加羅秦韓慕韓七國諸軍事安東大將軍倭國王)이라 했는데 479년 부(武)를 사지절도독왜신라임나가라진한모한육국제군사안동대장군왜왕(使持節都督倭新羅任那加羅秦韓慕韓六國諸軍事安東大將軍倭王)에 제수(除授)했다. 백제라는 이름을 뺀 것이다. 왜왕 부는 규슈에 있던 이주민의 분국, 백제를 얘기한 것이었는데, 너희가 감히 한반도 백제를 지배한다고 얘기하느냐고 오해함으로써 빚어진 해프닝이었다. 여기서 언급된 백제, 신라, 임나, 진한, 모한, 가라 등은 모두 한반도에 있던 나라들이 아니고, 일본 열도인 규슈에 한반도 사람들이 이주해서 세웠던 이주민들의 분국이었다.

앞에서 살펴본 바와 같이 왜왕 제(濟)는 백제로 돌아와서 비유 임금의 뒤를 이어 개로대왕이 되었고, 유라쿠(雄略) 천황으로 알려진 왜왕 흥(興)은 개로대왕의 동생인 고니기였다. 또한 왜왕 무(武)는 개로대왕의 아들로 작은아버지 왜왕 흥(興)을 이어 왜 나라에서 23년간 왕위에 있다가 백제로 돌아와 22년간 통치한 무령대왕이었다. 당시 백제는 일본 열도에 3개의 담로를 가지고 있었는데, 그중에서도 오사카 긴키 지방의 왜 나라 황실은 백제 왕실과 한집안이나 다름없었다. 지금의 일본 황실의 선조로 알려진 게이타이 천황도 왜왕 흥(興)의 아들이자 왜왕 무(武)의 사촌 동생이었다. 또 무령대왕의 아들인 성왕은 왜 나라에 불경뿐만 아니라 각종 금동 불상 등 불교문화 관련 많은 것을 전달했다. 아버지가 왕을 지냈던 일본 열도를 자주 방문하다가 게이타이 천황의 둘째 아들로 왕위에 올랐던 센카(宣化) 천황이 서거하자 그 뒤를 이어 아예 왜 나라에 주저앉았다. 이 임금이 19대 킨메이(欽明) 천황이다. 백제에서 단 50기의 기마대를 이끌고 용감하게 신라와 싸우다가 전사했다는 소문을 퍼트리게 한 뒤, 백제의 왕위는 아들 위덕왕에게 물려주었다. 이때 백제 귀족의 후손으로 왜 왕실 대신이었던 소가노 이나메(蘇我稲目)가 큰 역할을 했다. 그는 킨메이(欽明) 천황을 옹립하고 최고 대신이 되었으며, 두 딸을 천황에게 바침으로써 소가씨 가문이 최고 대신의 지위를 대대로 세습하고 100년 이상 왜국의 조정을 좌지우지하게끔 하였다.

35대 고교쿠(皇極) 천황 시절에는 소가노오미에미시(蘇我臣蝦夷, 소아신하이)가 대신이었는데, 그의 아들 소가노이루카(蘇我入鹿, 소아입록)가 스스로 국정을 장악하고는 난폭한 짓을 일삼아 황족과 다른 호족들의 반감이 커졌다. 뒤에 천지 천황이 된 나카노오예(中大兄) 황자가 가신인 가마타리(中臣鎌足)와 함께 어머니인 고교쿠(皇極) 천황 면전에서 소가노 이루카(蘇我入鹿, 소가입록)의 목을 날려버렸고 이에 충격을 받아서 소가노오미에미시가 다음날 자살함으로써 100년 이상 왜 조정을 장악해오던 소가씨 가문은 멸문하고 말았다. 고교쿠 천황도 충격을 받아 퇴위하려 했으나 황자가 사양함으로서 황위는 천황의 동생, 36대 고토쿠(孝德) 천황으로 이어졌다. 그러나 실권자는 나카노오예 황자였고, 고토쿠 천황은 허수아비에 불과했다.

고토쿠 천황은 신라 및 중국과의 교류 활성화를 주장하며 수도를 아스카에서 나니와(難波)로 옮겼으나 천도한 지 6년 만에 나카노오예 황자와 그를 따르는 신하들은 백제와의 교류를 주장하며 천황만 남겨놓고 아스카로 되돌아갔다. 고토쿠 천황은 화병으로 죽게 되고, 이에 부담을 느낀 나까노오에는 어머니인 고교쿠 천황을 다시 한 번 천황으로 앉혔다. 제37대 사이메이(濟明) 천황이다.

사이메이 천황은 660년 백제가 나당 연합군에게 멸망하자 백제 부흥군을 돕기 위해 파병을 결정하고, 직접 규슈까지 가서 파병 작업을 지휘하다가 661년 사망했다. 나카노오예 황자는 어머니의 유지를 받들어 백제에 대규모 병력을 파견했으나 663년 백촌강 전투에서 나당 연합군에 크게 참패하고 말았다. 쫓겨 온 백제 유민들을 받아들이고 나당 연합군이 일본 열도까지 쳐들어올까 고심하면서 여러 요충지에 방어용 성곽을 세웠다. 38대 천지 천황으로 즉위했을 때는 사이메이 천황이 죽은 지 7년이 지나서였다. 그동안 많은 도움을 주던 동생 오아마를 황제(皇弟)로 정하고 두 딸도 주었다. 그러나 말년에 아들을 얻은 천지 천황은 마음이 바뀌었다. 태정대신이라는 새로운 관직을 신설하고 어린 아들, 오토모를 그 자리에 앉혔다. 형의 마음이 달라진 것을 느낀 오아마는 출가하겠다고 선언하고 요시노로 가서 은둔했다. 얼마 후 천지 천황이 죽자 오아마는 반란을 일으켰고 패배한 오토모는 자결했다. 오아마가 즉위하니 40대 천무(天武, 덴무) 천황이다.

백제가 완전히 멸망하고 난 뒤 천지 - 천무 - 지통 천황으로 이어지는 시기가 일본 고대 율령 국가의 완성기였다. 현재의 일본이라는 국명이 만들어진 시기가 천무 천황 때였고, 천황이라는 칭호가 공식적으로 사용된 것도 덴무-지토로 이어지는 때였다. 천황이라는 용어가 정착되었다는 것은 이 시대에 천황의 권력이 절정에 달했다는 것을 의미한다. 하지만 그런 시절은 오래가지 않았다. 또 다시 후지와라(藤原)씨의 외척 세도 때문에 황권이 약화되고 말았다. 다이카 개신(大化改新)에서 공을 세운 가마타리(鎌足, 614~669)가 텐지(天智) 천황으로부터 후지와라 성을 받은 것이 최초인데 가마타리의 아들 후지와라노 후히토(不比等, 659~720)의 자손들이 문제가 되었다. 후히토의 딸 미야코(宮子)가 42대 몬무(文武) 천황과 결혼하여 45대 쇼무(聖武) 천황을 낳음으로써 외척의 지위를 확립했으며, 다시 후히토의 다른 딸 고묘시(光明子)가 쇼무 천황과 혼인함으로써 율령 관료 귀족으로서의 후지와라씨의 지위가 단단하게 확립되었다. 그 후 후지와라 가문의 외척에 의한 세도 정치가 150년 이상 계속되어 황실의 권위는 형편없이 떨어지고 말았다. 후지와라 가문은 천황이 성인이 되기 전에 퇴위시키고 새로 어린 천황을 세우는 방식으로 섭정 자리를 유지하면서 사실상 일본을 통치했다.

반면에 어린 왕자에게 왕위를 물려주고 상왕으로 물러앉아 있으면서 무려 50년 이상 무소불위의 권력자로 군림한 천황도 있었다. 제72대 시라카와 천황(白河, 재위 1072~1086)은 아들인 제73대 호리카와 천황 때부터 시작하여 제74대 도바 천황, 제75대 스토쿠 천황에 이르기까지 3대 43년간 상황 자신이 정무를 맡는 이른바 원정(院政)을 펼쳤다. 이것을 '치천의 군(治天の君)'이라 한다.

그는 자신의 섭정을 지탱하기 위하여 무사 집단을 끌어들였다. 무사

일본 천황 가문은 백제 왕가의 혈통인가

집단은 최초에 귀족들의 장원(莊園)을 관리하고 경비하는 사병(私兵)으로 출발했지만 9세기 후반부터 정쟁이 치열해지자 교토의 귀족들이 다투어 무사 집단을 불러들이기 시작했다. 스토쿠 상황과 77대 고시라카와 천황(後白河, 재위 1155~1158) 간 내전이 벌어졌을 때도 귀족들은 무사 집단을 경쟁적으로 끌어들였고, 1156년 봉건 영주들 간의 전쟁인 '호겐(保元)의 난'으로 이어졌다. 이때는 귀족들의 싸움에 무사들이 하수인 역할을 한 셈이었다. 결과는 천황 측이 승리했지만 무사들은 더 이상 천황이나 귀족들의 도구로 쓰이는 것에 만족하지 않게 되었다.

천황 편에 섰던 다이라 기요모리가 쿠데타를 감행하여 정권을 잡았다. 그러나 자기 혈연 중심 정치를 하면서 무사 집단의 권익은 외면했다. 이에 맞서서 호겐의 난에서 패한 후 절치부심하던 미나모토가 전쟁을 벌였다. 이것이 '겐페이(源平) 전쟁'이다. 다이라는 간사이(關西) 지방, 미나모토는 간토(關東) 지방을 대표하는 무사 집단이었다. 지역감정이 아주 심한 두 집단이었다. 일본 열도 내의 반대 세력들을 진압한 미나모토 요리토모는 1192년 정이대장군(征夷大將軍, 쇼군)에 임명되어 가마쿠라(鎌倉)에 막부(幕府)를 세웠다. 이때는 무사 세력이 귀족들을 압도한 셈이었다. 이후 메이지 유신 때까지 무려 676년간 군사 정권 시대가 계속되었다.

96대 고다이고(後醍醐, 재위 1318~1339) 천황은 즉위 초부터 막부 타도 음모를 꾸몄다. 그는 막부에 체포되어 이키섬, 시마네(島根) 등으로 유배됐지만, 틈만 나면 재기를 노렸다. 마침내 막부를 멸망시키고 친정에 나섰지만 고대 천황 중심의 통치 체제를 복원하려는 그의 노력은 시대의 흐름에 맞지 않아 무사 세력들의 강한 반발을 받았다. 교토를 점령한 아시카가 다카우지가 고묘(光明) 천황을 옹립하고, 무로마치(室町) 막부를 열었다. 고다이고 천황은 요시노로 탈출해 자신이 정통 천황이라고 주장했다. 막부가 옹립한 황실을 북조(北朝), 고다이고 천황 이후 이어진 황실을 남조(南朝)라 불렀다.

60년 가까이 이어진 남북조의 대립은 1392년 남조의 고카메야마(後龜山) 천황이 무로마치 막부의 중재 아래 북조의 고코마쓰(後小松) 천황에게 3종 신기를 넘기고 양위하는 것으로 막을 내렸다. 하지만 메이지 유신 이후 막부 정권 시대를 싸잡아 적폐로 몰면서 천황의 계보를 다시 정리해야 한다는 요구가 1911년 국회에서 제기되어 고묘 천황부터 고엔유(後圓融) 천황까지 4명의 천황이 계보에서 퇴출되고, 대신 고무라카미(後村上) 천황과 조케이(長慶) 천황 등 두 사람의 천황이 계보에 들어오게 되었다.

무로마치 막부는 1467~1477년 쇼군의 후계자 자리를 놓고 벌인 내전인 '오닌(應仁)의 난'으로 사실상 무너졌다. 이후 100년 가까이 지방 군벌(軍閥)들이 할거하는 전국(戰國)시대가 펼쳐졌다. 막부 정권과 전국시대를 거치면서 천황의 삶은 아주 고달파졌다. 15세기 중엽부터 120여 년 동안은 신상제(新嘗祭, 추수감사제)도 올리지 못했다. 104대 고카시와바라(後柏原, 재위 1500~1526) 천황은 즉위 22년이 되어서야 한 사찰의 도움으로 즉위식을 올릴 수 있었다. 휘호나 그림을 팔아 연명한 천황도 있었다고 한다.

전국시대 말이 되면서 형편이 조금씩 나아지기 시작했다. 다이묘
(大名, 영주)들이 다른 다이묘들과 자신을 차별화하기 위해 천황의 조
정으로부터 명목상의 관작(官爵)을 구하기 시작했다. 오다 노부나가
(1534~1583)와 도요토미 히데요시는 천황의 옛 영지를 회복시켜주고 덧
붙여 새 영지도 바쳤다. 그 대가로 노부나가는 우대신, 히데요시는 관
백, 태정대신 등의 벼슬을 받았다. 그렇다고 천황의 정치권력이 부활한
것은 아니었다. 1687년에야 대상제(大嘗祭, 천황 즉위 시 신에 햇곡식을 바치
는 의식), 1740년에 신상제를 부활시켜주었다. 에도 시대 중기 이후 국학
(國學), 주자학의 영향을 받아 천황 숭배론에 기반을 둔 국수주의(國粹主
義) 사상이 발전되고, 쇼군의 통치권은 천황이 위임한 것이라는 논리가
다시 만들어졌다.

1853년 6월 미국 동양 함대가 에도 앞바다에 나타나 개국 통상을 요
구했을 때, 존왕양이(尊王攘夷), 즉 천황을 받들어 막부를 타도하고 서양
오랑캐를 물리치자는 운동이 전국적으로 확산했다. 많은 유신 지사들은
막부를 타도하고 천황 중심의 새 정권을 세워서 부국강병을 이룩하자는
쪽으로 선회하고 있었다. 다시 천황의 정치적 위상이 크게 올라갔으며
이 유산을 물려받은 사람이 메이지(明治, 1867~1912) 천황이었다.

1867년 10월 마지막 쇼군 도쿠가와 요시노부(德川慶喜, 1837~1913)는
통치권을 천황에게 반납하는 대정봉환(大政奉還)을 단행했다. 왕정복고
(王政復古), 메이지 유신의 시작이었다.

1869년 2월 천황이 도쿄로 순행하고 나서 정부도 함께 이전했다. 천황은 '아라히토가미(現人神)' 즉 인간의 모습으로 나타난 신으로 떠받들어지고 종교 차원에서도 신격화가 이루어졌다. 메이지 천황의 뒤를 이은 다이쇼(大正, 1912~1926) 천황은 어릴 때 앓은 병으로 심신이 미약한 사람이었다. 1922년부터 황태자 히로히토가 섭정을 맡아 사실상 국사를 처결하게 됐다. 히로히토는 1926년 천황으로 즉위했다. 만주 사변(1931), 중일 전쟁(1937), 태평양 전쟁(1941)이 이어졌다. 전후 일본 정부나 연합군 최고 사령관 더글러스 맥아더 원수는 '히로히토 천황은 군부의 폭주에 휘둘린 로봇에 불과했다'고 주장했다. 그러나 이는 사실과 다르다. 히로히토 천황은 전쟁의 추이를 잘 파악하고 있었고, 군부도 통제하고 있었다. 1945년 8월에 군부의 반발을 무릅쓰고 '종전(終戰)의 성단(聖斷)'을 내렸다.

그는 1946년 1월 1일 '인간 선언'을 했다. 미국 상하 양원은 히로히토 천황을 전범 재판에 회부하라는 결의안을 채택했다. 중국, 호주, 소련 등도 강경한 입장을 취했다. 그러나 히로히토 천황은 전쟁 책임을 피해 가는 데 성공했다. 연합군 최고 사령관 더글러스 맥아더 원수는 "천황을 퇴위시킬 경우 게릴라전 발생 가능성을 배제할 수 없으며, 최소한 100만 명의 병력이 일본에 주둔해야 할 것"이라고 했다. 결국 히로히토 천황은 전쟁 책임을 지지도, 퇴위하지도 않았다. 전쟁 책임은 중일 전쟁에서 태평양 전쟁에 이르는 시기에 총리나 육군대신, 외무대신 등을 지낸 이들에게만 돌아가고 말았다. (주요 내용 발췌:『역사 속 일본 천황(天皇) 이야기』월간조선)

천황가는 어떻게
오래도록 지속되었나

만세일계는 기원전 660년에 열도에서 최초의 왕국을 건설했다는 진무 (神武, 신무) 천황을 제1대로 삼고 있는데, 그렇게 계산한다면 아키히토 천황은 125대가 되고 그 뒤를 이어 부임한 새 천황 나루히토는 126대가 된다. 그러나 이것은 역사적으로 확실하게 증명된 것은 아니다. 학계에 서는 대체로 6세기 중반부터 지금의 천황가 혈통이 시작된 것으로 보고 있다. 그렇게 따져도 약 1500년간 한집안에서 일본의 왕 노릇을 계속해 왔다는 것인데 이런 일은 세계 역사상 그 유례가 없는 일이라 대단하고 크게 자랑할 만하다. 바꾸어 말하면 일본에서 1500년이란 기나긴 세월 동안 역성혁명, 즉 왕조 교체가 한 번도 일어나지 않았다는 얘기다.

나라(奈良) 시대 왕성했던 불교 세력도, 헤이안(平安) 시대 천황의 권 력보다 더 위에 군림했던 귀족 가문도, 또 700년간 정권을 주물렀던 무 사 세력도 천황의 자리를 탐하지 않았다는 것이라 대단히 놀라운 일이 다. 어떻게 해서 그런 일들이 가능했을까? 역사적인 이유야 많이 있겠 지만 대체로 다음의 주된 두 가지 이유가 아닐까 생각해 본다.

첫째 일본의 천황은 초기 왕정 시대를 제외하고는 절대 권력자가 아닌 절대 권위자로 존재했다. 사무라이들이 집권했던 약 700년간의 막부 시대에 천황은 정신적, 문화적으로는 왕이었으나 정치, 경제, 외교, 군사 면에서는 제대로 왕 노릇을 하지 못했다. 사무라이들에게 존왕(尊王) 사상은 조선에서 온 유학(性理學)을 배우게 되면서 싹트게 되었다고 한다. 이 존왕 사상은 점점 강렬해져서 일군만민의 정치 체제를 지향하게 되었고 마침내는 왕정복고(王政復古)까지 일어나게 되었다. 메이지 유신이 그것이었다. 그러나 메이지 유신의 설계자는 절대 권력자인 천황이 그 권력을 제대로 행사하지 못하도록 했다. 정치와 권력 싸움에 천황이 개입하게 되면 반드시 결과의 승패가 생기게 될 것이 뚜렷했기 때문에 천황의 정치 개입 시 천황의 권위가 손상될 것을 우려했기 때문이었다고 한다. 이로 인해 권력 부침과 격한 정쟁 속에서도 국민들 속에서는 천황의 권위가 흔들림이 없었다. 일본 제국의 처참한 패전을 겪은 세계 제2차 대전에서도 다른 하나의 이유가 있었지만 천황은 건재할 수 있었다.

두 번째 이유라면 일본 열도의 지리적이고 자연적인 현상 때문이라 생각된다. 일본은 크고 작은 자연재해가 끊임없이 일어나는 곳이다. 화산 폭발로 만들어진 섬들의 나라라 지금도 활화산이 대단히 많고 지구의 큰 지각 판끼리 충돌하는 지대에 놓여있어 지진이나 산사태가 아주 빈번하게 일어나는 곳이다. 산같이 높은 파도가 순식간에 밀려와서 온 마을을 초토화해 버리는 것이 쓰나미인데 이 쓰나미라는 용어는 일본에서 처음 생겨나서 지금은 세계 공용어가 되었다. 봄부터 가을까지 필리

핀 근해에서 생성되어 올라오는 그 많은 태풍은 거의 모두가 일본에 큰 피해를 주거나 아니면 스쳐서라도 지나간다. 일본을 지나지 않으면 큰 태풍이 아니라고 해도 과언이 아닐 정도다. 지진과 쓰나미, 해일, 산사태, 태풍 등 대규모 자연재해가 너무 빈번하게 일어나다 보니 일본에서는 지도자를 중심으로 단단하게 뭉치게 되고 또 단결하는 국민성으로 발전하게 된 것이다.

환경의 변화와 기후의 변화는 사람들의 성격을 크게 변화시킨다. 독일의 북부는 비가 많이 내리고 흐린 날이 많다. 사람들 대부분은 주로 검은 옷을 입고, 주말에도 집에서 독서를 하면서 소일한다. 성격이 상당히 보수적이다. 그러나 남쪽에는 매일 하늘이 맑고 햇빛이 반짝인다. 밝은 색깔의 옷을 입게 되어 패션 산업이 발달하고, 춤과 음악이 거리마다 넘쳐나고 성격들도 매우 밝고 쾌활하다.

일본 열도에 비해 한반도는 자연적인 재해가 거의 없는 지역이다. 찾아오는 태풍의 수도 일본과는 비교도 안 될 정도로 적고, 지진의 빈도도 드물고, 일어났다 해도 아주 약하거나 미미하다. 활화산은 하나도 없고 쓰나미는 일본 열도가 가로막고 있어서인지 아예 겪어보지 못했다.

반면 일본 열도는 역사적으로 외부의 침략을 거의 받지 않았다. 단지 두 번의 외부 침략을 받았으며 두 번 다 규슈 지방이었다. 고려를 굴복시킨 몽고의 쿠빌라이 칸은 사신을 보내 일본에 조공을 요구하였다. 하지만 가마쿠라 막부는 이를 거부하고 결사 항전을 천명하였다.

1274년 쿠빌라이 칸은 몽골인 및 한인 군대 2만 5,000명과 고려에서 징발한 김방경 휘하의 군대 8,000명, 그리고 수군 6,700명과 전함 900척으로 대규모 정벌단을 편성하였다. 몽골·고려 연합군은 규슈에 상륙하였으나 일본군의 강력한 저항에 부딪혔다. 그리하여 낮에는 공격하고 밤에는 함대로 철수하는 방식을 취하였다. 그러다 대폭풍우를 만나 선박 200여 척이 침몰하고 1만 3,500명의 병사가 몰살되었다.

1차 원정이 실패로 끝난 후 쿠빌라이 칸은 다시 일본에 항복을 요구하였다. 하지만 막부는 사신을 참수해 버렸고, 분노한 쿠빌라이 칸은 1281년 다시 원정군을 조직하였다. 이때는 남송 멸망 후라서 몽골군 및 한인 군대 3만 명, 고려 군대 1만 명, 수군 1만 5,000명 이외에 강남 지방으로부터 무려 10만 명을 동원하였다. 그리하여 모두 15만의 군대가 4,400여 척의 전선을 타고 일본으로 향하였다. 하지만 이 두 번째의 원정군은 일본군의 강력한 방비로 상륙도 하지 못한 채 해안을 오가다 다시 큰 태풍을 만나 궤멸하였다. 일본사에서는 이 두 차례의 태풍을 '가미카제(神風)'라 부른다.

반면 한반도는 인근 국가들과의 전쟁이나 그들의 침략을 수없이 많이 받았다. 특히 중국 대륙 쪽의 침략이 많았다. 가장 가까이는 동족상잔이 일어났던 1952년 6·25 때 중국 공산군이 쳐들어와서 전세를 완전히 뒤집어 놓았다. 청일 전쟁과 러일 전쟁같이 한반도 안에서 일어난 전쟁도 있었다. 일본에 국권을 완전히 빼앗기고 식민지로 말할 수 없는 고통을 받은 기간이 36년(1910~1945)이지만 그 이전에 일본 왜구들이 침략한 임진왜란(1592)과 정유재란(1597)이 있었다.

일본 천황 가문은 백제 왕가의 혈통인가

북쪽으로부터는 역사적으로 수많은 외부 침략이 있었는데, 주요 기록을 보면 7세기 초 수나라 양제가 3차례 고구려를 침범했다.(612~614) 그 후유증으로 수나라는 망하고 말았지만, 수나라를 이은 당태종이 다시 고구려를 침략했다.(645,647)

당나라 소정방은 660년 백제를 점령한 후 의자왕과 왕족, 신하, 백성 만여 명을 포로로 데리고 당으로 돌아갔다. 668년 고구려가 멸망했을 때는 당나라 장수 이적은 고구려 보장왕을 포함하여 고구려의 백성 약 20만 명을 데리고 당나라로 돌아갔다.

고려 때는 1216년 거란의 침략을 받았다. 이어 1231년부터 1259년까지 29년 동안 9차에 걸친 몽고의 침입으로 고려 왕궁은 강화도라는 작은 섬으로 피난을 가게 되었고 강화도를 제외한 전 국토가 초토화되었다.

조선 시대에 와서 1627년 후금(여진족)의 침략이 있었고, 1636년에는 후금에서 청으로 이름을 바꾼 청태종이 직접 조선 왕, 인조의 항복을 받고 갔다. 침략을 받을 때마다 수많은 생명이 희생된 것은 말할 필요가 없다. 정유재란 때는 수많은 도공은 물론 아주 많은 사람을 무작위로 잡아가서 노예 시장에 팔기도 했다. 얼마나 많이 잡아가서 노예로 팔았는지 한때 세계 노예 시장의 노예 값이 대폭락을 했다고 하며 이태리에서 온 상인은 하도 노예 값이 저렴하기에 한인 노예 세 사람을 사서 본국으로 데려갔다고 한다. 한국에서 잡혀 온 많은 도공은 대나무로 만든 통으로만 밥을 먹던 일본에서 일본의 자기 문화의 꽃을 피웠다.

사쓰마야끼 14대 심수관 씨가 2019년 6월 92세로 별세했다. 심수관

가는 1598년 전북 남원에서 왜군에게 붙잡혀 규슈 남쪽 가고시마로 끌려간 도공 심당길(沈當吉)과 그 후손들이 400년 넘게 명맥을 이어 온 도예 가문이다.

일본 교토의 도요토미 히데요시 무덤 앞에는 아주 이상한 무덤이 하나 있다. 코(鼻) 무덤이라고도 알려진 귀(耳) 무덤이다. 한반도 침략 시 조선의 장수는 목을 베고 군사들은 귀와 코를 베어 일본에 보내면 그 수량에 맞춰 토지를 더 분배해준다고 지령을 내려 나쁜 놈들이 군사들뿐만 아니라 평민들의 코와 귀도 베고 다녔다. 지금도 한국에서는 아이들이 나쁜 것을 잡거나 가지려 하면 어른들이 "이비(耳鼻, 귀와 코)"라고 외치면서 못하게 한다.

전쟁이 날 때마다 많은 사람이 죽었지만 수많은 사람이 포로로 끌려가서 노예 생활을 하거나 비참한 생을 살게 되었다. 살아남은 자들 사이에서도 침략에 완강히 저항해 싸운 자들과 적들에게 부역한 자들, 살기 위해 마지못해 협조한 자들끼리는 서로 원수지간이 되고 말았다.

병자호란을 일으킨 청나라는 조선 여인 수십만 명을 붙잡아간 뒤 돈을 받은 뒤에 다시 돌려보냈다. 그러나 청나라로 끌려갔다가 천신만고 끝에 다시 고향으로 돌아온 조선 여인들은 환영받지 못했다. 조선의 남정네들은 정조를 잃은 그녀들을 '환향녀'라며 내치기 일쑤였고, 여인들은 냉대 속에 목을 매거나 절벽에 투신했다. 죽을 용기가 없는 사람은 기생이 되거나 심지어 그 지옥 같은 청나라로 다시 돌아가는 비운을 겪었다. 조정의 무능 탓에 갖은 고초를 겪은 어머니, 아내, 딸들이 가정과 가문에서 버림을 받았다.

전쟁은 많은 것을 잃어버리게 하지만, 인간의 착한 인성마저 변하게 한다. 지금은 또 어떤가? 2차 대전이 끝나고 일본의 식민지로부터 해방은 되었지만, 다시 남북으로 나뉘어 냉전을 겪고 있다. 전쟁은 일본이 일으켰는데 지정학적인 문제로 한반도가 나누어져 일본 대신에 지금까지 전쟁을 치르고 있는 것이다. 지나온 역사를 되돌아보면 조선 반도는 외부의 큰 침략을 받고 나서 나라까지 없어지는 경우가 많았다. 반면 일본 열도는 외부의 침략은 거의 없었고, 대신 자연재해가 너무 빈번하게 일어나 사람들은 지도자를 중심으로 서로 뭉치고 협조하게 되었다. 또한 일본의 천황가는 초기 왕정 시대를 제외하고 절대 권력자가 아닌 절대 권위자로 존재했기 때문에 한 번의 역성혁명도 없이 이처럼 오래도록 유지되어 온 것이 아닌가 생각된다.

일본인들의 조상은
어디서 왔는가

일본의 인구학자로 저명한 일본 국립 민족학 박물관의 고야마슈우조(小山修三) 씨의 연구에 의하면 기원 3세기 이전인 죠몬 시대(繩文時代) 중기에 일본 전국 인구가 가장 많았으며 26만 1,300명이었다. 그 후 냉량기(冷涼期)가 닥쳐 추위가 심해져 죠몬 시대 말엽에는 16만 300명으로 줄었다. 그런데 야요이 문화인(彌生文化人)이 밀려 오기 직전의 죠몬 시대 말기에는 7만 5,800명밖에 되지 않았다. 이때의 규슈 인구는 6,300명뿐이었다. 여기에 야요이 시대에 접어든 기원전 3세기 이후에 이르자 이번에는 인구가 급격히 증가하여 59만 4,900명으로 불어났다. 규슈 지방의 인구 증가 원인은 이론의 여지 없이 가야인이 대거 이주해 갔기 때문이다.(『日本王家의 뿌리는 伽倻王族』 최성규, p15)

일본인의 기원과 관련된 '혼혈설'은 '이중구조설'로도 불리는 학설로, 도쿄대 명예 교수를 지낸 인류학자 하니와라 가즈로(埴原和郞, 2004년 사망)에 의해 1990년에 제창됐다. 하니와라 가즈로 교수는 사람의 뼈, 해골을 연구하는 인류학 교수로 그의 연구에 따르면 기원전 300년부터 기원후 700년까지 1000년간 한반도에서 일본 열도로 이주한 자와 일

일본 천황 가문은 백제 왕가의 혈통인가

본 원주민의 비율은 80~90% 대 10~29%라는 견해를 발표하였다. 그는 5세기 전후한 시대의 무덤에서 나온 뼈를 주로 연구하면서 일본인의 78~92%는 조상이 한반도에서 온 도래인이라고 발표했다. 많은 수의 도래인이 일본으로 건너왔는데 이 시기는 기원전 3세기쯤부터 서기 7세기까지로 원주민 수를 56만 명으로 추정할 때 도래인과 그 자손은 약 480만 명에 이른다고 한다. 이처럼 많은 수의 도래인이 일본으로 왔다는 사실은 컴퓨터 정밀 시뮬레이션을 이용한 데이터로도 이미 입증됐다. "기원전 3세기부터 기원후 7세기 초까지 약 1000년간 도래한 인구는 150만 명에 달했다. 7세기 초 당시 선주민과 도래인의 인구 비율은 1대 8.6이나 된다."는 것이 하니와라 가즈로 교수 등의 '시뮬레이션'에 의해 밝혀졌다. (『日本人の成り立ち』1995)

2012년 11월 1일, 일본 열도의 토착민인 조몬인(繩文人)과 한반도에서 건너온 야요이인(彌生人)이 혼혈을 반복해 현재의 일본인이 됐다는 '혼혈설'을 뒷받침하는 DNA 분석 결과를 니혼게이자이(日本經濟) 신문 등 일본 언론들이 보도했다. 연구팀은 지금까지 공개됐던 일본 본토 출신자와 아시아인, 서구인 약 460명분의 DNA 데이터에다 아이누족과 오키나와 출신자 71명분의 데이터를 추가해 분석했다. 아이누족은 기원전 5세기 무렵부터 홋카이도(北海道)를 비롯한 동북부 지역에서 살아온 일본 원주민이다. 분석 결과 아이누족은 유전적으로 오키나와 출신자와 가장 가까웠다. 그다음이 일본 본토 출신자, 한국인, 중국인의 순이었다. 또 일본 본토 출신자들은 아이누족이나 오키나와 출신자들보다 한국인, 중국인과 유전적으로 더 가까운 것으로 분석됐다. 아이누족은 얼굴 윤곽이 뚜렷하고 백인을 닮았으며 오키나와 원주민은 피부가 검고 동남아시아 등 남방계를 닮아 외모상으로 서로 뚜렷한 차이가 난다.

일본인의 혼혈과정	
1. 조몬시대	일본 전역에 조몬인 거주함.
2. 야요이 시대 이후	한반도에서 건너 온 야요이인이 조몬인과 혼혈 과정을 거치며 동북으로 확장해 나감
3. 현대	북쪽 훗카이도와 남단 오키나와에만 조몬인의 특징이 아주 짙게 남아있음.

요미우리(讀賣) 신문에 따르면 일본 열도의 본토 등지에선 3000년 전부터 한반도에서 건너온 야요이인과 조몬인의 혼혈이 활발히 진행된 반면, 남북으로 멀리 떨어져 있는 훗카이도와 오키나와 지역엔 혼혈의 파급이 느렸다는 의미다. 그래서 이들 지역에 상대적으로 토착민의 유전적 특징이 많이 남아있다는 것이다. 아사히(朝日) 신문은 "조몬인과 야요이인의 혼혈이 일본인의 기원이 됐다는 설을 유전자 레벨에서 뒷받침할 수 있게 된 성과"라고 의미를 부여했다.

Journal of Human Genetics에 2012년 11월 1일 발표된 일본 열도 인류 집단 유전학 컨소시엄(Japanese Archipelago Human Population Genetics Consortium)의 연구 결과에 따르면, 현대 일본인은 한국인의 피가 많이 흐르고 있다. 이 연구는 일본 열도의 인류 집단이 유전적 다양성을 갖고 있음을 명확히 규명했다. 남북으로 4,000㎞ 이상 길게 걸쳐 있는 일본 열도에는 훗카이도의 아이누인, 오키나와의 류큐인(琉球人), 일본 본토인 등 세 인류 집단이 있다. 사이토(斎藤成也) 교수를 비롯한 연구진들이 이들의 유전적 친연성을 게놈 해석으로 따져보니 현대 일본인은 구석기 시대(3만 년 전 이상) 일본에 들어와 조몬 시대(繩文時代, 수렵생활)를 연 조몬인 계통과 3,000년 전 한반도에서 건너가 야요이 시대(弥生時代, 농경 생활)를 연 야요이인 계통의 혼혈이라는 것이다.

아이누인과 류큐인이 유전적으로 가장 가깝고, 양자의 중간에 위치한 일본 본토인은 류큐인 다음으로 아이누인과 가깝다.(홋카이도의 조몬인 후손 집단은 한반도 도래인과 거의 혼혈을 거치지 않았기에 아이누인 집단으로 남았다. 오키나와를 중심으로 한 남서 제도의 조몬인 집단도, 도래인이 본토에서 많이 이주해왔기 때문에 홋카이도만큼은 명료하지는 않지만 그래도 일본 본토에 비하면 조몬인의 특징이 더 강하게 남아 있다.)

한편, 일본 본토인은 한국인과 같은 클러스터(cluster)로 분석되었다. 게다가 다른 30개 인류 집단의 데이터와 비교했을 때 일본 열도인의 특이성이 나타난다. 현대 일본 열도에는 구석기 시대부터 일본 열도에 터 잡고 살아온 조몬인 계통과 한반도 도래인인 야요이 계통이 공존하는 이중구조설이 들어맞고 있다. 무엇보다 일본인은 한국인에 가깝고 같은 계통의 클러스터를 이루고 있다는 점이 일본인 유전자 교류의 역사에서 주요한 내용이며, 이번 연구의 중요성과 사회적 의의를 가진다고 볼 수 있다.

일부 일본 언론에서는 1911년, 도쿄 제국 대학 의대의 교관이었던 독일인 벨쯔(Erwin von Baelz)가 독일 잡지에 발표한 '아이누오키나와인 동일 계통론'을 101년 만에 입증했다고 떠들고 있는데, 무엇보다 일본인은 한국인에 가깝고 같은 계통의 클러스터를 이루고 있다는 점이 일본인 유전자 교류의 역사에서 주요한 내용이며, 이번 연구의 중요성과 사회적 의의를 찾아볼 수 있다.

cf. 아래 그림은 일본 열도인 클러스터를 나타내고 있다. 아이누인과 류큐인이 100%의 확률로 클러스터를 형성하고, 이 클러스터와 일본 본토인이 역시 100%의 확률로 클러스터를 이루고 있다. 이 일본 열도인 클러스터는 나아가 한국인이 추가되어 또 다른 동아시아 집단을 이루고 있음을 알 수 있다.

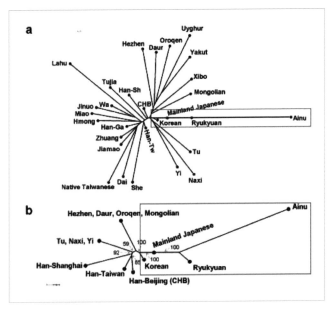

(출처: Japanese Archipelago Human Population Genetics, Journal of Human Genetics Nov. 2, 2012)

◆ 고대 일본 이주 기록들

①『북사(北史)』「왜국전(倭國傳)」

일본 원주민은 남녀 모두 얼굴과 팔에 문신을 하고 물속에 들어가
고기를 잡았다. 또한 맨발로 다녔으며 문자도 사용하지 않고 나무에 새
기거나 새끼를 묶어 표현하였다. 여자 옷은 홑옷으로 만들어 중앙에 구
멍을 뚫어 머리로 뒤집어써서 입는 관두의(貫頭衣)의 판초형으로 된 것
이었고, 남자 옷은 가로나비가 긴 천을 꿰맴이 없이 두르는 횡폭의(橫幅
衣)였다.

②『환단고기(桓檀古記)』

「단군세기」 35세 단군 사벌 시대(BC 723)

재위 50년 무오(BC 723)년에 임금께서 장수 언파불합(彦波弗哈)을 보
내어 바다 위의 웅습(熊襲, 구마소)*을 평정하셨다.

「단군세기」 36세 단군 매륵 시대(BC 667)

재위 38년 갑인(BC 667)년, 협야후(陜野侯) 배반명(裵幋命)을 보내어
해상의 적을 토벌케 하셨다. 12월에 삼도(三島, 일본을 구성하는 세 섬, 곧
규슈, 혼슈, 시코쿠)를 모두 평정하였다.

◦◦◦◦◦◦◦◦◦◦◦◦◦◦◦◦◦◦◦◦◦◦◦◦◦◦◦◦◦◦◦◦◦

* 웅습(熊襲): 일본의 규슈 지방에 있는 지명으로 '구마소'라 한다. 본래 규슈 지방에는 곰이 없는데
구마모토(熊本), 구마시로(熊城), 구마가와(熊川) 등 웅(熊) 자가 들어간 지명이 있다. 이것은 배달 환웅
시대 웅족(熊族)의 토템 신앙을 그대로 계승한 '단군 조선의 부여계'가 일본으로 건너가 일본 고대 문
명을 건설한 역사적 사실을 생생하게 반증하는 것이다.(김향수 『일본은 한국이더라』 361쪽)

「태백일사(太白逸史) 제6 고구려국본기」 규슈에 다라한국을 건국한 협보(陜父)(BC 10)*

협보(陜父)가 남한(南韓)으로 달아나 마한산(지금의 평양)에 은거하고 있을 때 따라와서 사는 자가 수백여 가구였다. 얼마 지나지 않아 여러 해 흉년이 들어 떠돌아 사는 사람이 길에 가득하였다. 이때 협보가 장차 변란이 있을 줄 알고 양식을 싸서 배를 타고 패수를 따라 내려왔다. 해포(海浦, 대동강 어귀의 진남포)를 거쳐 몰래 항해하여 곧장 구야한국(狗耶韓國)**에 이르니, 곧 가라해(加羅海, 일본 규슈의 남서쪽 바다)의 북쪽 해안이었다. 몇 달 지내다가 아소산(阿蘇山)으로 옮겨 살았는데, 이 사람이 바로 다파라국(多婆羅國)의 시조이다. 후에 임나와 병합하여 연합 정권을 세웠다. 이때 세 나라는 바다에 있고, 일곱 나라는 육지에 있었다.

「태백일사(太白逸史) 제7 대진국(大震國) 본기(本紀)」 의려국 임금이 일본으로 건너가 왕이 됨(AD 285~)

정주(正州)***는 의려국(依慮國)이 도읍한 땅이다. 의려국****왕이 선비

---

* 협보(陜父): 오이(烏伊), 마리(摩離)와 함께 주몽성제의 고구려 건국을 도운 창업 공신

** 구야한국(狗耶韓國): 지금의 일본 북규슈 후쿠오카현(福岡縣)이 위치. 변진 구야국인이 먼저 들어와 살던 곳으로 구야 본국인이 다스렸다. 당시 규슈에 있던 100여 나라 중에서 가장 컸다.(「대진국본기」) 구야국은 변진(弁辰, 변한) 12국 중의 하나로 지금의 김해 지방에 있었다.

*** 정주(正州): 대진 오경(五京)의 하나인 서경압록부(西京鴨綠府)에 속한 압록 사주(四州) 중의 하나. 일명 비류군(沸流郡). 「요사」 「지리지」와 「발해국지」 「지리지」에 따르면 압록 사주는 신주(神州), 환주(桓州), 풍주(豊州), 정주(正州)이다.

**** 의려국(依慮國): 고구려 3세 대무신열제가 동부여를 멸망시킨 후 대소왕의 종제를 연나부(椽那部)에 안치하였는데, 그 후 자립하여 백랑산에 이르러 정착하였다. 이것이 연나부부여, 즉 의려국이다.

일본 천황 가문은 백제 왕가의 혈통인가

(鮮卑) 모용외(慕容廆)에게 패한 뒤 핍박당할 것을 근심하여 스스로 목숨을 끊으려 하였다. 이때 문득 '나의 영혼이 아직 죽지 않았는데 어디에 간들 이루지 못하리오?'라는 생각이 들어 은밀히 아들 부라(扶羅, 依羅)에게 왕위를 넘기고, 백랑산(白狼山)*****을 넘어 밤에 해구(海口)를 건너니 따르는 자가 수천 명이었다. 마침내 바다를 건너 왜인을 평정하고 왕이 되었다. 스스로 삼산(三神)의 부명(符命)******에 응한 것이라 하고, 여러 신하로 하여금 하례 의식을 올리게 하였다. 어떤 이는 이렇게 말한다.

"의려왕은 선비족에게 패하자 도망하여 바다로 들어가 돌아오지 않았다. 자제들이 북옥저로 달아나 몸을 보전하다가 이듬해에 아들 의라(依羅)가 즉위하였다. 이 뒤 모용외가 또다시 침략하여 아국 사람들을 약탈하였다. 의라가 무리 수천을 거느리고 바다를 건너 마침내 왜인을 평정하고 왕이 되었다."

③ 유서 깊은 문중에서 비장해 온 문서로 츠가루외감군지(東日流外三郡誌), 다케우치문서(竹內文書), 우에츠후미(上記) 등의 기록 속에는 진무(神武) 천황이 즉위하기 이전에 일본 열도에 우가야(上伽倻) 왕조가 72대나 계속됐었다고 적혀있다.

한편 우가야족의 일파는 약 4000년 전쯤에 시마네현을 거쳐 지금 나라현이라고 불려지는 지역에 도착하여 그곳에 나라를 세웠다. 그들은

***** 백랑산(白狼山): 대릉하 상류 부근인 요령성 객좌현(喀左縣)에 있는 白鹿山.

****** 삼신(三神)의 부명(符命): 역대 일본 왕이 권력의 상징으로 신기 삼종(神器三種, 거울, 동검, 곡옥)을 간직한 것은 삼신부명(三神符命)과 관련이 있다.

지금의 나라현 덴리시(天理市) 나가라(長柄)로부터 기이치(海知)에 이르는 일대를 경북 고령에 있었던 우가야족의 나라 이름을 그대로 본떠서 나라 이름을 '야마터'라고 했다. 이 우가야 왕조는 서기 420년경에 수로왕의 후예인 진무 천황에게 굴복할 때까지 약 2100년 동안 유지했다고 한다. (열국~남북국사)

　　　　　　　　　　　　　　　일본 천황 가문은 백제 왕가의 혈통인가

일본인의 언어,
일본어

대륙과 멀리 떨어지고 사면이 바다로 둘러싸여 문명과 고립된 일본 열도에는 5세기 초 백제의 아치끼(阿直伎)가 말 2필을 가지고 갈 때까지 문자가 없었다. 중국의 고서 『북사(北史)』 「왜국전(倭國傳)」에 '無文字, 唯刻木結繩'의 기록이 있다. 이는 '왜국에는 문자가 없고, 나무를 깎거나 새끼줄을 묶어 의사를 표시한다'는 것이다. 『일본서기』 응신(應神) 천황 15년(284)에 "아직기는 경전을 잘 읽었으므로 태자의 스승으로 삼았다. 천황이 아직기에게 '너보다 훌륭한 박사가 있느냐?'고 묻자 '왕인(王仁)이라는 사람이 있습니다. 그 사람이 우수합니다.'라고 대답하였다. 그래서 상모야군의 조상인 황전별, 무별을 백제에 보내 왕인을 불러오도록 하였다. 16년(285) 봄 2월에 왕인이 왔다."는 기록이 있다. 일본 사람들은 왕인 박사를 문자의 신으로서, 또는 유학(儒學)의 조상으로 섬기고 있다.

　『일본서기』에는 왕인을 '서수(書首)의 시조'라고 적고 있다. 이는 '책과 글을 다루는 전문직의 우두머리(首)'라는 뜻이다. 751년 편찬된 일본 최초의 한시집 가이후소(懷風藻)에서는 '왕인은 왜어(倭語)의 특질을 훼손하지 않고서 한자를 이용해 왜어를 표현하는 방법을 개발했다'고 표현해 그가 일본 문자를 창안했음을 명시하고 있다. 왕인 박사는 고대 일본 귀족들이 짓거나 암송을 했던 와카(和歌)의 창시자이기도 하다. 905년에 발간된 와카집 '고킨아카슈(古今和歌集)'에는 "난파진에는, 피는구나 이 꽃이, 겨울잠 자고, 지금은 봄이라고, 피는구나 이 꽃이"라는 와카를 소개하면서 왕인 박사가 지은 최초의 와카라고 적고 있다.

왕인 박사의 백제 문화 일본 전파의 업적에 대하여 근년에 가장 설득력 있게 밝힌 것은 도호쿠 대학 사학과 세키 아키라(關晃) 교수의 다음 같은 글이다.

"일본 문화가 발생한 것을 밝히는 경우에 반드시 관습처럼 인용하는 글이 있다. 즉 나라 시대(奈良, 710~784)의 한시집(漢詩集)인 『가이후소(懷風藻)』의 서문에는 왕인이 처음으로 일본에다 글을 가르친 것을 칭송하고 있다. 또한 고대 불교 설화집인 『니혼료이키(日本靈異記)』의 서문에도 역시 불교 서적과 유교 서적이 왕인에 의하여 백제로부터 건너왔다는 것을 밝히고 있다."(『歸化人』 1966, 홍윤기 한국외대 교수)

가쿠슈인대학(學習院大學) 고대사학자 오노 스즈무(大野晉) 교수는 "서문수(西文首, 왕인 박사), 왜한직(倭漢直, 아직기 왕자)의 후손인 백제인들이 '가나'를 만들었다. 백제인들은 서기 6세기경부터 일본말에 맞는 글자를 하나둘 만들어 쓰기 시작했다. 한국 고대 향가(鄕歌)의 한자어 사용법은 일본 '만요시가'(萬葉詩歌)의 그것과 똑같다."(『日本語の世界』 1980)고 주장했다.

『일본서기』에 아직기나 왕인 박사 등 태자의 스승들이 글을 가르칠 때 또는 궁중 생활을 하면서 통역을 두었다는 기록은 어디에도 없다. 중국 당나라를 갈 때는 통역관과 동행했다는 기록이 있지만 백제, 신라, 고구려, 가야 사람들과 대화 시 통역관이 있었다는 기록은 전혀 찾아볼 수 없다. 상고 시대 일본에는 한반도 사람들이 이주해서 살았고 그들이 사용한 언어가 조선어였다. 일본어의 기초가 된 규슈 등 서부 일본어는 가야어, 즉 한국의 경상도 방언이었다. 그 흔적이 오늘날에도 많이 잔존하고 있다. 경상도 방언뿐만 아니라 한반도 남부의 전형적인 방언들이 고대 일본어의 원류였다.

한자어를 일본어에 맞춰 써 온 '만요가나'가 "이두의 영향을 받았다"(鄕歌及び '吏讀の硏究' 1929)고 처음으로 밝힌 사람은 일제하 서울의 경성제대 조선어학과 오구라 신페이(1882~1944) 교수였다. 김인배, 김문배 두 저자는 공저한 『日本書紀 古代語는 韓國語』 저서에서 일본의 고대 시가집인 만요슈(万葉集)는 고대 조선어로 해독해야만 그 내용을 바로 해석할 수 있으며 『일본서기』 속에 간간이 나오는 고시가(古詩歌)들도 단 한 글자도 일본식 음·훈독을 적용할 필요가 없이 고대 조선어로 해독되어야만 그 뜻이 전달된다고 주장한다. "참으로 놀라운 것은 『일본서기』 속에서 천황과 황태자, 황후는 물론 대신이나 일반 백성에 이르기까지 그 노래의 작자가 모조리 고대 한국어로 노래했다는 점이다."라고 얘기하고 있다.

『日本書紀』 卷二六齊明天皇六年 (六六○) 十二月庚寅《廿四》

◆十二月丁卯朔庚寅。天皇幸于難波宮。天皇方隨福信所乞之意。思幸筑紫將遣救軍。而初幸斯備諸軍器。☆是歳。欲爲百濟將伐新羅。乃勅駿河國。造船。已訖。挽至續麻郊之時。其船夜中無故艫舳相反。衆知終敗。』　科野國言。蠅羣向西飛踰巨坂。大十圍許。高至蒼天。或知救軍敗績之怪。有童謠曰。摩比邏矩。都能俱例豆例。於能幣陀乎。邏賦俱能理歌理鵝。美和陀騰能理歌美。烏能陛陀烏。邏賦俱能理歌理鵝。甲子。騰和與騰美。烏能陛陀烏。邏賦俱能理歌理鵝。

　　위는『일본서기』제명 천황 6년 12월 기록이다. 경인(24일)에 천황이 난파궁으로 행차하였다. 천황은 복신이 요청한 대로 축자에 행차하여 원군을 파견할 것을 생각하여 우선 이곳으로 와서 여러 가지 무기를 준비하였다. ☆ 이 해에 천황은 백제를 위해 신라를 정벌하고자 하여 준하 국에 배를 만들게 명하였다. 다 완성하여 속마교로 끌고 왔을 때, 그 배가 밤중에 까닭 없이 배의 머리와 고물이 서로 반대가 되었다. 사람들이 결국 패할 것임을 알았다. 과야국에서 파리 떼가 서쪽을 향해 날아 거판(巨坂, 오호사카)을 지나갔는데, 그 크기가 열 아름쯤이고 높이는 하늘까지 닿았다고 보고하였다. 또 구원군이 크게 패할 전조임을 알았다. 하나의 동요(童謠)가 있었는데 다음과 같다.

　　'摩比邏矩。都能俱例豆例。於能幣陀乎。邏賦俱能理歌理鵝。美和陀騰能理歌美。烏能陛陀烏。邏賦俱能理歌理鵝。甲子。騰和與騰美。烏能陛陀烏。邏賦俱能理歌理鵝'

그러나 이 동요는 고대 한국어를 알아야만 제대로 해석할 수 있기 때문에 일본인들은 그 뜻을 알 수가 없다. 왜냐하면 한자의 훈과 음을 조합한 발음 기호로 구성되는 글자들을 옛 한국어와 연결함으로써 동요의 뜻과 그 속에 녹아있는 감정까지 찾아볼 수 있기 때문이다. 김인배, 김문배 두 저자는 저서『日本書紀 古代語는 韓國語』p145에서 다음과 같이 해석하고 있다.

摩(마)比(무리)邏(라)矩(구)都(모도)能(내)俱(구)例(례)

(마무리(최후결전/백강전투에 참가하는 船團)라고 못(돌아) 오네 그려)

豆(두)於(례)能(는)幣(폐)陀(타)乎(호)邏(라)

(들어오는 배 타거라)

賦(타)俱(구)能(내)理(리)歌(가)理(리)鵝(아)

(타고 내리가리아(랴))

美(미)和(화)陀(타)騰(등)能(내)理(리)歌(가)

(메워 타거든 내리가)

美(미)烏(어찌)能(는)陛(폐)陀(타)烏(어찌)邏(라)

(메워지는 배 타져라)

賦(타)俱(구)能(내)理(리)歌(가)理(리)鵝(아)

(타고 내리 가리아(랴))

甲(아무)子(자)騰(등)和(하)與(여)騰(등)

(아무자튼 하여튼)

美(미)烏(어찌)能(는)陛(폐)陀(타)烏(어찌)邏(라)

(메워지는 배 타져라)

賦(타)俱(구)能(내)理(리)歌(가)理(리)鵝(아)

(타구 내리 가리아(랴))

『日本書紀』敏達天皇 十二年에 나오는 글의 일부이다.

□敏達天皇十二年 (五八三) ◎是歲。復遣吉備海部直羽嶋召日羅於百濟。羽嶋旣之百濟。欲先私見日羅。獨自向家門底。俄而有家裏來韓婦。用韓語言。以汝之根入我根內。卽入家去。羽嶋便覺其意隨後而入。於是日羅迎來。把手使坐於座。……

이 해에 또 길비해부직우도를 보내어 일라를 백제에서 불렀다. 우도(羽嶋)는 이미 백제에 가서 먼저 사사로이 일라를 만나고자 혼자 집의 문 앞으로 갔다. 잠시 후 집 안에서 나온 한(韓)의 부인이 한어(韓語)로 "너의 뿌리를 내 뿌리 속에 넣어라."라고 말하고, 곧 집 안으로 들어갔다. 우도는 그 뜻을 깨닫고 뒤따라서 들어갔다. 이에 일라가 맞이하여 손을 잡고 자리에 앉게 하였다.……

이상은 『日本書紀』를 해석한 어느 책에 나와 있는 해석이다. 그런데 "너의 뿌리를 내 뿌리 속에 넣어라."는 해석이 너무나 이상하지 않은가? 이 무슨 망발인가? 이와 같은 正格 漢文式 해석은 잘못된 것이다. 이것을 한국어로 해독하면 '니(汝)가(之)뿌리(根)써(以), 들(入)아(我)뿌리(根)내(內)'가 된다. 즉 '네가 가버려서 들어와 버렸네'라는 뜻이다. 지난번에 지금처럼 은밀하게 찾아와 비밀리에 교섭하지 않고 그냥 가버렸던 탓이라고 나무라고 있는 것이다.(『任那新論』 p 64)

일본 천황 가문은 백제 왕가의 혈통인가

'가나' 중 한문의 새김인 훈독이나 외래어 표기에 주로 쓰이는 '가타카나'(カタカナ)는 한자어의 한 쪽(片)을 떼어내서 만든 글자다. '가타카나'의 '아이우에오'(アイウエオ)는 한자어의 '阿伊宇江於' 각 글자의 한쪽씩이다. 즉 'ア'는 언덕 아(阿) 자에서 옳을 가(可)를 떼어버리고 좌부방변(左阜傍邊)인 'ア'만을 취했다. '가타카나'의 각 문자들은 이와 같이 음절 문자로 만들어져 9세기경부터 일본 왕실을 중심으로 쓰이기 시작했다.

2002년 히로시마 대학의 고바야시 요시노리(小林芳規) 교수는 일본의 이 가타카나가 신라에서 유래했다고 주장하여 한일 고문서 학계에 큰 파문을 일으켰다. 그는 이러한 주장의 근거로 7~8세기 일본에 전래된 신라의 불교 경전 필사본에 발음과 뜻을 표시하기 위해 붙인 신라인의 각필을 근거로 들었다. 가타카나가 7~8세기 일본에 전래된 신라 고승 원효의 불교 저술 『판비량론(判比量論)』이나 신라의 불경 필사본에 발음과 뜻을 표시하기 위해 붙인 신라인의 각필에서 비롯되었다고 했다. 그는 고대 신라와 일본의 불경, 문서에서 각필을 찾아내고 연구를 시작한 선구자로 일본과 한국에 있는 고대 한반도의 각필 자료는 모두 그가 처음 확인한 것들이다.

2013년에는 신라 시대 만들어져 일본으로 전해진 불교 경전 『대방광불화엄경』에서 가타카나의 기원으로 보이는 각필 문자 360개를 확인했다고 발표하면서 다시 큰 주목을 받았다. 그는 2000년 한국 성암 고서박물관에 가서 고려 시대 초조대장경의 '유가사지론'을 보다가 글자 옆에 뾰족한 것으로 새긴 발음 부호 같은 각필을 처음 발견하고 그게 한국과 일본에서 고대에 쓰던 말들을 밝히는 데 중요한 단서가 되리라 직감했다. 2년 뒤, 일본 교토 오타니대학이 소장하고 있던 8세기 원효의 불교 논리학 저술『판비량론』의 단편 조각에서도 그런 각필을 확인했다고 했다. 고대 일본인이 중국과 한반도 등에서 전래된 한자 문헌을 읽을 때 점을 찍거나 부호로 읽던 것이 가타카나가 된 것인데, 여기에 신라 각필이 결정적인 영향력을 미쳤다는 것을 논문으로 알렸으며 이후 한국 학자들과 도다이사 소장 화엄경에 대한 공동 판독을 통해 똑같은 모양의 신라 각필을 다수 발견하면서 확신을 갖게 됐다고 했다.

왕인과 아직기 후손에 의해 약 5세기 동안 이어지며 만들어진 '가나'는 10세기경에 이르러 정리 단계에 접어들었고, 11세기에 47문자(いろは·伊呂波 47文字)로 완성됐다. 여기에다 'ん'까지 포함하면 모두 48문자가 된다. 한자어와 함께 일본어 표기의 주류가 되는 '히라가나'는 한자어의 흘림 글자인 초서체를 기본으로 만든 문자이다. 'あ'는 한자 편안 안(安) 자의 초서체에서 'い'는 써 이(以) 자의 초서체가 각각 근간이 되었다. 즉 '아이우에오(あいうえお)'의 기본이 된 한자의 초서체는 '安以宇衣於'가 모자체(母字體)다. 그러나 당시 왜 왕실의 백제 세력가들은 한문만을 숭상하여 뒷날에 가서 그들 스스로 만든 '히라가나' 문자를 터무니없이 외면했다. 도쿄교육 대학 국어과 나카다 노리오 교수는 "백제인 왕실은 '히라가나'는 여자들이나 쓰는 글자"(『平安時代の國語』 1969)라고 비하했다고 지적했다.

캘리포니아 주립대(UCLA) 제럴드 다이아몬드(Jared Diamond) 교수는

「일본인은 어디서 왔는가」라는 논문을 통해 '현재의 일본인은 한반도에서 건너온 이주자의 후손이며, 지금의 일본어가 고구려어, 백제어에 뿌리를 두고 있다'고 주장했다. 일본어는 아시아의 알타이어족 중에서 터키, 몽골, 시베리아 동부의 퉁구스어에 포함되는데, 한국어도 대체로 이 어족에 속한다. 일본어와 한국어에 유사성도 있지만, 차이점도 뚜렷하다. 이에 대해 다이아몬드 교수는 이렇게 해석했다. 고대 한국은 신라, 백제, 고구려의 삼국에 의해 갈라졌고, 삼국은 서로 다른 언어를 사용했다. 현대 한국어는 신라가 정치적 통일을 달성한 후 신라어에서 유래했다. 신라는 일본과 긴밀한 관계를 맺지 않았다. 신라에 복속된 고구려와 백제의 언어는 후세에 거의 전해지지 않았다. 일부 전해지는 고구려 단어들을 보면 현대 한국어보다 옛 일본어와 더 유사하다. 고대 한국인이 일본에 이주한 BC 400년경엔 한반도의 언어는 보다 다양한 성격을 띠었을 것이다. 현대 일본어의 기원이 된 한반도 언어는 한국어의 기원이 된 신라의 언어와 달랐을 것이다. 따라서 외모에서 한국인과 일본인은 닮았지만, 언어에서는 현격한 차이가 난다고 다이아몬드 교수는 설명했다.

일본말은 2000~1500년 전에 가야, 신라, 백제, 고구려 사람들이 야마토로 이주해 가면서 가지고 간 말이다. 한국말과 일본말이 같은 말이었으나 갈라져서 1500년을 살아오면서 서로 통하지 않을 정도로 많이 달라졌다. 일본은 주변 국가의 영향이 없는 섬에 고립되면서 그 고유문화를 지킬 수 있었다. 한반도는 많은 침략을 받았고, 침략을 받을 때마다 언어도 문화도 큰 영향을 받아 변화해 왔다. 한반도가 잃어버린 풍속과 신화들을 일본이 간직하고 있다. 7~8C 한반도 문화가 그대로 보존되어 있는 것이다.

일본 가나는 50여 가지 소리밖에 기록할 수 없다. 일본어의 결점은 모음과 자음의 수가 적기 때문이다. 특히 받침으로 쓰이는 글자가 ん 하나밖에 없어 삼국 시대 한국말의 다양한 소리가 50여 개의 글자 속에 갇혀버렸다. 그러나 세계 많은 언어 중에서 존칭, 즉 존대어가 있는 언어는 한국어와 일본어뿐이다.

한국어와 일본어의 모음과 자음 비교

① 모음

한국어: 아, 야, 어, 여, 오, 요, 우, 유, 으, 이, 애, 얘, 에, 예, 와, 왜, 외, 워, 웨, 위, 의 (21개)

일본어: あ, い, う, え, お, や, よ, ゆ, は (9개)

② 자음

한국어: ㄱ, ㄴ, ㄷ, ㄹ, ㅁ, ㅂ, ㅅ, ㅇ, ㅈ, ㅊ, ㅋ, ㅌ, ㅍ, ㅎ, ㄲ, ㄸ, ㅃ, ㅆ, ㅉ (19개)

일본어: か행, さ, た, な, は, ま, ら, が, ざ, だ, ば, ぱ, ん, っ (14개)

일본 천황 가문은 백제 왕가의 혈통인가

한국어가 변한 일본어들

땅	샘물	밭	삭혀
다(田)	시미즈	바타 ▸ 하타	사케(酒)

묵혀서	도리깨(한간, 韓竿)	거짓말, 우스운 얘기	
무카시	가라자오	우소	

막아	담아	데시오	마시오
마가	다마	데스	마스

옷(올)	깁는다	사그라진다	이리오소
오리모노	기모노	사꾸라	이랏사이

위	움트다	얻다	아쉽다
우에	우무	에루	오시이

우리	아손자	울음	어부
오래	아비고	우라미	온부

오못스러워	감다	낯가시이	갖다두다
오모시로이	가미	나츠카시이	가다츠게루

갓	알같다, 아리같다	김가요	씨가왔어
가사	아리가토	기미가요	시아와세(행복하다)

굿	싸그리	차다	갓머리
구스리	솟쿠리	츠메타이	간무리

나루터	남이다	괴로운	고개
나루토	나미다	구루시이	고에루

그래그래	시크러	또 줘	맞으리
고랴고랴	시카루	도죠	마쯔리

찌르기(刀)	마을	고을(郡)	벌(原)
쓰루기	무라	고호리	바루

무리	빛깔(光)	이놈	떠벅떠벅
무래	히까리	이누	또보또보

슬슬	벌벌
소로소로	부루부루

– 아리가토는 포르투칼어 '오브리가다(obrigada)'에서 왔다는 얘기도
  있다.

– 1891년 도쿄 대학 구메구니다케(九米邦武, 1839~1931) 교수는 '우두
  천황은 신라신 스사노오노마코토(素盞吾尊)'라고 단정해 국수주의
  자들의 탄압 대상이 되었다. 스사노오→소두→우두(牛頭)

– '비가 내렸다'→아매가 홋다처럼 접속사인 '가'와 어미의 '다'가 같
  다. '갔단다(行)'→'잇단다'로 '단다'라는 어미가 똑같다. 의문형의
  '갑니까?'는 '이끼마스까?'로 어미 '까'가 같다.

– 한국말 라, 리, 루, 레, 로는 일본어에서 자주 생략되었다. 씨름에
  서 '르'가 생략되고 스모가 되었다. 씨름→씨르모→씨모→스모

– 'ㅎ'과 'ㄱ, ㅋ'은 서로 교체된다. 학교→가꼬

일본 천황 가문은 백제 왕가의 혈통인가

참고문헌

1 《「日本書紀」 古代語는 韓國語》_金仁培·金文培 共著 「도서출판 빛남」

2 《역주일본서기1, 2, 3)》_연민수·김은숙·이근우·정효운·나행주·서보경·박재용
「동북아역사재단」

3 《任那新論 역설의 한일 고대사》_金仁培·金文培 共著 「고려원」

4 《日本王家의 뿌리는 伽倻王族》_崔性圭 「釜山日報·을지서적」

5 《백제는 일본의 기원인가》_김현구 「㈜창작과 비평사」

6 《일본문화의 뿌리는 한국 馬文化》_홍윤기 「한누리미디어」

7 《일본속의 백제》_홍윤기 「상생출판」

8 《일본속의 백제 구다라》_홍윤기 「한누리미디어」

9 《천황이 된 백제의 왕자들》_김용운, 한일문화교류센터 「한얼사」

10 《일본, 한국 이주민의 나라》_이성환 「책미래」

11 《가야가 세우고 백제가 지배한 왜국》_이봉화 「보고사」

12 《일본의 뿌리는 한국》_세키 유지 지음, 이종환 옮김 「관정 이종환교육재단」

13 《한국고대사 다시 쓰여져야 한다》_전우성 「을지서적」

14 《천황의 나라 일본 '일본의 역사와 천황제'》_고토야스시 외 지음, 이남희 옮
김 「예문서원」

15 《천황의 전쟁책임》_박진우 「제이앤씨」

16 《부여기마족과 왜(倭)》_존 카터 코벨 지음 「김유경 편역」

17 《일본은 구다라 百濟 망명정권》_김성호 「도서출판 기파랑」

18 《삼국사기》_김부식 저, 허성도 역 「올재」

19 《삼국유사》_일연 지음, 김원중 옮김 「을유문화사」

20 《일본 천황은 백제 무왕의 자손》_이동식 「국학자료원」

21 《백제와 다무로였던 왜 나라들》_김영덕 「글로벌콘텐츠」

22 《환단고기(桓檀古記)》_안경전 역주 「상생출판」

23 《가야 1부 대륙의 아들, 가야 3부 철의 전쟁, 가야 4부 미완의 왕국》_최인호 「유튜브 대한사랑」

24 《日本 속의 백제, 일본어의 모체는 백제》_홍윤기 「유튜브 STB 역사 특강」

25 《백제 비유왕은 인교천황이다》_김영덕 서강대 명예교수 「다음 카페 문학과 지성」

26 《백제에서 건너간 오진 천황》_김영덕 서강대 명예교수 「다음 카페 문학과 지성」

27 《역사 속 일본 천황(天皇) 이야기》「월간조선」

28 《백제와 왜 왕실은 한집안》_김영덕 서강대 명예교수 「유튜브 Han Bin Kim」

29 《일본 규슈는 가야의 分國이었다》_김향수 「네이버 블로그 mensore」

30 《고문서와 우가야》_삼한계통사 「네이버 블로그 배달후예」

일본 천황 가문은
백제 왕가의 혈통인가

초판 1쇄 인쇄 2020년 08월 20일
초판 1쇄 발행 2020년 08월 25일
지은이 배종덕

펴낸이 김양수
디자인·편집 이정은
교정교열 박순옥

펴낸곳 도서출판 맑은샘
출판등록 제2012-000035
주소 경기도 고양시 일산서구 중앙로 1456(주엽동) 서현프라자 604호
전화 031) 906-5006
팩스 031) 906-5079
홈페이지 www.booksam.kr
블로그 http://blog.naver.com/okbook1234
포스트 http://naver.me/GOjsbqes
이메일 okbook1234@naver.com

ISBN 979-11-5778-456-1 (03910)